道徳授業改革シリーズ

大野睦仁の　道徳授業づくり

6ステップでつくる！
❖本気で考える❖
道徳授業

大野睦仁 著

明治図書

まえがき

　「特別の教科　道徳」（以降，本書では「道徳」と表記します）が，新学習指導要領の全面実施に伴い，2020年度から正式にスタートします。「押し付け」道徳（望ましいと思われることや決まりきったことを言わせたり，書かせたりする授業）や，「読み物」道徳（読み物資料の心情理解に終始する授業）と揶揄されるような道徳から，「考え，議論する道徳」へと変わっていくことが期待されています。

　私自身，ここ数年間，道徳の授業づくりに力を入れてきました。「考え，議論する道徳」を意識していたので，子どもたちの思考を刺激する，力のある教材が何よりも大事だと考えていました。その結果，多くの自主教材をつくることになりました。もちろん授業づくりにあたって，教材が重要であることは，道徳に限ったことではありませんが，道徳は他教科に比べて，子どもたちの価値観を揺さぶることが求められます。そのためには，他教科以上に，力のある教材が必要だと考えています。

　そんな思いで実践を重ねているうちに見えてきたことがもう一つありました。それは，力のある教材をもとに発問を練って授業をしても，その教材や発問を生かせる「学習活動」が機能していないと，私が期待する「考え，議論する道徳」の授業にならないことがあるということです。しかし，前述したように，道徳では，力のある教材を求め，授業づくりも，そこに頼ってしまいがちです。だからこそ，教材や発問を生かす，効果的な学習活動についても考えていく必要があるのではないでしょうか。

　今回，道徳が教科化された背景の一つに，道徳の質的課題が挙げられています。「効果的な指導方法が共有されていない」「授業方法が，単に読み物の登場人物の心情を理解させるだけなどの型にはまったものになりがちである」（「今後の道徳教育の改善・充実方策について（報告）」，平成25年12月26日）と指摘されています。確かに，教科書中心の道徳の授業では，授業の型を決められていることが多く，その中の学習活動を少し工夫すれば，もっと「考え，

2

議論する道徳」へ近づけるのに……と思う授業をたくさん見てきました。

　例えば，Ａ・Ｂ・Ｃの３人の登場人物がある読み物資料で，「あなたならどの立場に立つか？　その理由は？」という発問があったとき，Ａ・Ｂ・Ｃの中で，どの立場を選んだのか，全体の中で挙手させます。そして，一部の子どもの考えを聞き，さらに，「それぞれの立場や理由についてどう思うか？」と，全体の場で問い続ける授業。もう一方で，選んだ立場ごとに一度集まり，どんな理由で選んだのかを交流します。その後，Ａ・Ｂ・Ｃを選んだ子どもがそれぞれ極力入るように，少人数でグルーピングし，そこで議論する授業。両者の授業の違いは，議論する場と，そこまでの道筋を少し変えた学習活動の違いです。

　どちらの方が，一人一人にとって「考え，議論する道徳」になっているでしょうか。それは言うまでもなく，後者の方です。学習活動によって，子どもたちの学びが変わるのです。

　道徳が教科化される今だからこそ，形骸化した道徳の授業の型にはまることなく，子どもたちが本気で思考したり，議論したりするための教材を開発すること。そして，その教材を生かす学習活動を考えていくことが必要ではないでしょうか。

　では，どのように，教材を開発したり，学習活動を考えたりするとよいのか。本書では，授業づくりを具体的に６つのステップに分けて提案しています。その中で，子どもたちが本気になる自主教材開発と学習活動，授業例を紹介していきます。

　道徳は，子どもたちが自分の生き方を自分自身で問う姿が見られる授業です。そんなステキな場面に立ち会えるとき，教師という仕事の価値，そして，道徳の授業の可能性を感じます。本書が読者のみなさんの道徳授業づくりに，少しでも役立てることを願っています。

　2020年６月

大野　睦仁

目　次

03 **子どもが本気で思考するための「自主教材」と「学習活動」—7つの授業例と解説で考える—**

子どもが
本気で思考する
道徳授業

授業例① 友達の数―本当の友達とは？―

（B友情・信頼）

　これから高学年を対象とした２つの授業を紹介します。

　指導者の視点をもって，発問や授業を比べてほしいのですが，ぜひ学習者にもなって授業を受けてみてください。

【Aパターン】

　授業が始まり，まず次の読み物資料を配付します。

　今回は，自作の読み物資料ですが，教科書教材にも同様な内容のものがあるかもしれません。

> 　小学６年生の男の子がいました。まわりの友達がスマホを持ち始めています。その男の子は，スマホが欲しいとはぜんぜん思ってはいません。でも，スマホを持っている友達は，LINE も始めていて，友達がたくさんいることをアピールしていました。その男の子には，友達がたくさんいません。不安になりました。

　資料を教師が範読し，この後は，発問をしながら授業を進めていきます。

　さて，どんな発問が思いつくでしょうか。

　私は，例えば，次の４つの発問を考えてみました。

①どうして男の子は不安になったのでしょうか？
②男の子と同じような気持ちになったことがありますか？
③男の子にどんな声をかけますか？
④男の子のような存在がクラスにいることがわかったら，どんな行動を
　とりますか？

Ｔ「どうして男の子は不安になったのでしょうか？」
　数人の子が挙手をします。その中から教師が指名します。
Ｃ「自分には友達が少ないと思っているから。」
Ｔ「では，男の子と同じような気持ちになったことがある人はいますか？」
　数人の子が挙手をします。その中から，教師が何人かを指名し，「どんな
場面でそう思ったのかな？」と続けて，問います。
Ｃ「この男の子とは少し違うかもしれないけど，遊ぶ相手がいないと，ぼく
　には，友達がいないのかな……と思って，不安になります。」
Ｃ「私は，この男の子と同じで，スマホを持っていないので，とても不安に
　なります。」
Ｔ「同じような思いをもっているけれど，みんなの前では発表しづらい人も
　いるかもしれませんね。」
Ｔ「男の子と同じ気持ちになったことはないかもしれないけれど，気持ちは
　わかるという人はいるかな。」
　このようなやりとりをしながら，子どもたちの発言を板書に位置付けてい
きます。
Ｔ「この男の子に対して，みんなならどんな声をかけますか？　ワークシー
　ト（ノート）に書いてみましょう。」
　しばらく時間をとった後，グループで交流をします。グループのメンバー
がどんな声がけを考えたのかを知るためです。一通り交流が終わったところ
で，全体でも同じように，どんな声がけを考えたのかを発表してもらいます。

多くの子どもたちは，以下のような声がけを考えているはずです。

・友達なんか，たくさんいなくても大丈夫だと思うよ。

・信頼できる人が1人でもいれば，いいと思うよ。

・たくさん友達がいても，本当に心から信頼できる人がいないなら，意味がないと思うよ。

こうした意見も板書に位置付けた後，自分ごととして考えるために次の発問をします。

T「男の子のような存在がクラスにいることがわかったら，どんな行動をとりますか？　理由と一緒にワークシート（ノート）に書いてみましょう。」

ここも，しばらく時間をとった後，グループで交流をします。グループのメンバーがどんな行動をとるのかを知るためです。一通り交流が終わったところで，全体でも，どんな行動を考えたのかを発表してもらいます。もちろん，ここでも板書に位置付けながら，授業を進めていきます。

多くの子どもたちは，以下のような行動を考えるはずです。

・1人でいる子に声をかけてあげる。

・スマホを持っていることを自慢しない。

・LINE でつながっている友達以外とも関わるようにする。

最後に，今日の学習の振り返りをワークシート（ノート）に書いてもらい，授業を終えます。おそらく黒板にも，ワークシートにも，指導者が子どもたちに気づいてほしい価値や視点が書かれている授業になっているはずです。

【Bパターン】

　授業の開始と同時に，以下の曲を流します。

　「一年生になったら」（まど・みちお／作詞，山本直純／作曲）

　聴いたことがある曲に子どもたちがざわざわします。曲を聴いている間にワークシートと歌詞のプリントを配ります。

　配り終わったところで，次のように聞きます。

T「この曲，知らない人はいますか？」

　もし知らない子どもが多ければ，曲を流す時間を増やしますが，3番まで流す必要はありません。途中で曲を止めます。

T「この曲にメッセージがあるとすれば，どんなメッセージですか？」

T「グループで考えてみてください。」

　少し時間をとった後，全体で確認します。

T「どんなメッセージがあるという話題が出ていましたか？」

　・友達をたくさんつくってほしい。

　・友達がたくさんいたら楽しい。

　・学校は友達がたくさんいて楽しいところだよ。

T「小さいときや，低学年のときに，『友達をたくさんつくりましょう』と
　言われたことがある人？」

と聞くと，かなりの数の手が挙がります。

　そこで，次頁のスライドを大型TVやスクリーンなどで投影します。

T「ネットをいろいろ見ていたら，こんな質問がありました。」

と言って，スライドの内容を読み上げます。実際にネット上にあったものではありません。自作の資料です。

小学6年生の男子です。まわりの友達がスマホを持ち始めています。ぼくは，スマホが欲しいとはぜんぜん思わないけど，スマホを持っている友達は，LINEも始めていて，友達がたくさんいることをアピールしています。ぼくには，友達がたくさんいません。不安になります。このままでもいいですか？

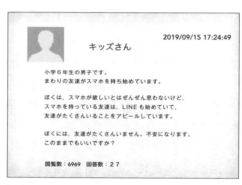

T「みんなならどう答えるかを考えてほしいのです。そして，ベストアンサーを目指してほしいのです。」

と発問して，次のスライドを見せます。

T「ワークシートに，自分なりに考えた回答を書きます。書き終えた後は，グループの中のベストアンサーを決めます。」

T「書き終えても，グループのみんなが終わっていなければ，別の回答もないか，考えてみるのもいいですね。思いついたら，ワークシートの裏に書いて待ちましょう。」

T「質問はありますか？　時間は○分。この時計で○時○分までです。ではどうぞ。」

　高学年になれば，「友達はたくさんつくった方がよい」という価値観から，「信頼できる人がいれば，それでよい」という価値観に変化してきているところなので，この男の子の質問には，子どもたちはかなり共感します。

　そのため，自分の考えを書く作業に入ると，すらすら書ける子がほとんどです。ただ，どんな質問だったのかをもう一度確認したい子もいるので，最初のスライドを再度映し出しておきます。

　全員が書き終わったところで，もしくはある程度の時間がたったところで，グループで交流をします。グループ交流に入る前には，子どもたちが見通しや目的意識をもって交流できるように，交流のフレームを提示します。

---

(1)お互いの考えを聞き合い，感想などを伝え合って，対話をします。

(2)全員の考えを聞き終わった後に，グループのベストアンサーを決めます。自分の考え以外で，ベストアンサーだと思う考えを指さしで決めます。どうしてその答えを選んだか，理由が言えることが大事です。

(3)ベストアンサーに選ばれた人は，自分のネームカードを黒板に貼りに来ること。

(4)全部のグループのベストアンサーが出そろうまで，自分たちのグループのベストアンサーに選ばれた人以外の回答のよさを見つけ合います。

　全部のグループのベストアンサーが出そろったところで，次の活動に移ります。時間があれば，すべてのベストアンサーを全体の場で発表してもらいますが，時間がなければ，いくつかのグループのベストアンサーを発表してもらいます。

LINEをやっていないと，自分だけが仲間外れになっているようで，不安な気持ちはよくわかります。でも，LINEでつながっている友達が本当の友達と言えるでしょうか。たくさん友達がいたとしても，本当に信頼できる友達がいなければ意味がないと思います。だから，友達が少なくても，信頼できる友達をつくって，大切にすべきですよ。

　子どもたちが書いたベストアンサーの多くは，これまでの経験や思いを生かして，「友達はたくさんいなくても，大切な友達が1人いれば，それでいいんじゃない？」という内容です。
　クラス全体の意見の方向性を確認した後，次のスライドを映し出します。
　Ｔ「実は，こんな質問もネットで見つけたんだよね。」

　　小学6年生の女子です。親も先生も，大人たちはみんな，友達なんかたくさんいなくていい。少なくたって，信じ合える友達がいればいいと言います。
　　本当ですか？　私は，友達は，やっぱりたくさんいた方がいいと思います。そういうふうに思っている，ちゃんとした大人もいると思います。

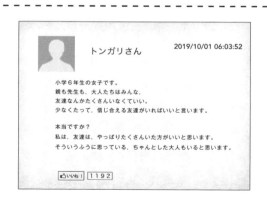

子どもたちは，「友達は少なくてもよい」と考えているので，この質問に対しては，戸惑いを見せます。そこで，次のように発問をします。

Ｔ「みんなは，『友達は少なくてもよい』と考えていました。でも，この質問者の立場になってみて，友達が多いと，どんなメリットがあるのか，グループで考えてみましょう。」

　しばらくグループで考える時間をとった後，全体でどんなメリットがあるのかを共有します。

・いつでも遊べる可能性が高くなる。
・いろんな情報が入ってくる。
・どこに行っても，友達がいたら安心できる。

　子どもたちは，あえて「友達が多い方がよい」という立場に近づき，そのメリットを知ることで，思考が揺さぶられていきます。

Ｔ「みんななら，トンガリさんに対して，どう答えますか？　ワークシートに自分なりの回答を書いてみましょう。」

Ｔ「今回は，書き終えた後にグループの中のベストアンサーを決めませんが，ベストアンサーを目指すつもりで書いてください。」

Ｔ「書き終えても，グループのみんなが終わっていなければ，さっきと同じように，別の回答もないか，考えてみるのもいいです。思いついたら，ワークシートの裏に書いて待ちます。」

○○○さん　　　2019/09/25 04:31:49

👍いいね！ 157

2回目の回答では，子どもたちはどう書いたらよいのか，迷う姿が見受けられ，なかなか筆が進みません。友達が多いメリットを知った上で，相談者の気持ちにも寄り添ったものにするためには，どんな回答をするとよいのか。さっきまでは，「友達が少なくてもよい」と書いた自分の考えと向き合いながら，回答を書こうとしているからです。深い思考が生まれ始めます。

　全員が書けたところで，もしくは，ある程度の時間がたったところで，グループでの交流に入ります。なかなか書けない子がいるはずです。

T「2回目は難しかったよね。グループで対話する中で，自分の考えをもてるといいですね。」

と声をかけます。

　ベストアンサーは決めなくても，1回目の交流があるからこそ，「どの回答がよいのか」「自分の回答とどう違うか」ということを考えながら交流しています。そして，書けなくて悩んでいる子が多いからこそ，「どんな回答がよいのだろう」というテーマで対話が生まれています。

　グループでの交流が終わった後，数名に回答を発表してもらいます。

　最後は，ただの振り返りではなく，「友達の数―本当の友達とは？―」というタイトルで，授業を振り返ってもらいます。

　今日は，友達が多い方がいいか，少なくてもいいか，ということを考えました。最初は，友達は少なくてもいいんだと思っていたけれど，友達が多いことでいいこともあるとわかって，どっちがいいのかわからなくなりました。でも，やっぱり友達は数じゃないと思います。ぼくにとって，本当の友達はやっぱり信頼できる人。そう考えると，信頼できる友達なんて，たくさんできないから。ぼくは少なくてもいいです。

さて，2つの授業記録を読み，比べて，どんなことを感じたでしょうか。

言うまでもなく，子どもたちが本気で思考するのは，Bの授業の方だと伝わったと思います（紙面上ではなく，実際の授業に通してみると，より子どもたちの本気の思考が伝わるはずです）。

Aの授業の方は，教師が大切にしてほしい価値を子どもたちがなぞることはできても，子どもたちが「考え，議論する道徳」には，なかなかならないのではないでしょうか。

なぜ，Aの授業とBの授業に違いが生まれるのでしょうか。

それは，Bの授業には，子どもたちが本気で思考するために，配慮した**「自主教材」**や**「学習活動」**があるからです。

例えば，知識や知恵を相談形式で共有するサイトのフォーマットを使って，「ベストアンサー」を考えるという自主教材を使用しています。その中で，相手意識と自分の思いを比べながら思考していく教材化をしています。また，「ベストアンサー」を目指す回答を考える学習活動は，この授業の中心となる学習活動の一つなので，個人思考の時間を十分確保してから，交流に入るようにしています。そして，可能な限り，多様な考えに出合わせたいので，ペアではなく，グループでの交流を選択しているのです。

他にも，子どもたちに時間や活動内容の見通しがもてるようにしています。安心して学習活動に取り組めるようにすることも，子どもたちが本気で思考するために必要なことです。

道徳の授業づくりにおいて，私自身が「自主教材」と「学習活動」を重視するようになった２つのきっかけがあります。それは，「自主教材」を開発する際の重要な視点や，この後に提案していく効果的な「学習活動」のポイントにもつながっていく大切なきっかけでした。まずは，このきっかけについて触れていきます。

①道徳の授業に対する考えを変えた２つの授業との出合い

　長い間，小学校の担任として過ごしてきました。もちろん私が教員になったときにも，教科としてではないですが，道徳の時間はありました。

　しかし，正直なことを言えば，指導案を作って，授業を公開したことは一度もありませんでした。それどころか，「まともな授業をしている」と胸を張っては言えない状態が続いていました。道徳のテレビを観て，感想を書いて，それで終わり。感想を書くだけならまだいい方で，副読本を読んでおしまいというような授業もありました。「子どもへの日常的な指導が道徳だ」というようなことさえも思っていた時期がありました。

　今振り返ると，道徳の授業の可能性に見向きもしなかった自分が本当に残念でなりません。そして，何よりもそんな授業しか受けられなかった子どもたちに申し訳ない気持ちでいっぱいです。

　そんな私の道徳の授業に対する考えを変えた２つの授業との出合いがありました。この２つの授業との出合いがなければ，私の道徳の授業は相変わらずひどいものであり続けたかもしれません。

②「いのちの授業」としての道徳授業―「自主教材」の可能性―

　私は，重度重複の特別支援学校で初任の３年間を過ごしました。児童全員が教育委員会負担のタクシーで登校し，何かあったときにはすぐに対応でき

るようにと，保護者が学校内に常駐している学校でした。児童が亡くなるという経験もし，命と向き合わざるを得ない日々でした。そのため，通常学級の学校に異動した際，「自分には，障害のある子どもたちのこと，そして，命の重さを伝える役割がある」と考えていました。

　そんな思いから，様々な「いのちの授業」に取り組むようになり，「いのち」をテーマにした絵本の読み聞かせもしていました。

『100万回生きたねこ』（佐野洋子／作・絵，講談社，1977年）

『葉っぱのフレディ―いのちの旅―』

（レオ・バスカーリア／作，みらいなな／訳，童話屋，1998年）

『さよならエルマおばあさん』（大塚敦子／写真・文，小学館，2000年）

『のにっき―野日記』（近藤薫美子，アリス館，1998年）

『こいぬのうんち』

（クォン・ジョンセン／文，チョン・スンガク／絵，ピョン・キジャ／訳，平凡社，2000年）

　あるとき，『いのちは見えるよ』（及川和男／作，長野ヒデ子／絵，岩崎書店，2002年）という絵本に出合いました。視覚障害のある夫婦に赤ちゃんが生まれ，隣の家の女の子がお母さんとその赤ちゃんに関わっていくという話です。その女の子は，出産にも立ち会うのですが，かわいい赤ちゃんを目にして，全盲のお母さんに，「見えたらいいね」と言ってしまいます。でも，お母さんは，「見えるよ。いのちは見えるよ」と答えます。この絵本を読んだときに，どうしても子どもたちに問いたくなったことが出てきました。そこで，ただ読み聞かせるのではなく，その問いをもとに，道徳の授業として進めてみたのです。

授業例② 『いのちは見えるよ』で考える いのちの授業

(D 生命の尊さ)

次の言葉を板書します。

いのちは○○よ

T「○○には，どんな言葉が入りますか？　２文字とは限りません。」

C「『大切』かな。いのちは大切だから。」

C「『１つだ』だと思う。いのちって１つしかなくて大切だから。」

　全体の場で，発表してもらいながら，様々な意見を板書して共有していきます。

T「これから１冊の絵本を読み聞かせします。この絵本の題名が『いのちは○○よ』なのです。」

　子どもたちを教室の前などにつくったスペースに集めて，座ってもらうことができればよいですが，そんなスペースがつくれなかったり，クラスの人数が多すぎたりする場合は，あらかじめスライドにしておき，投影しながら読み聞かせをします。

　まずは，題名を隠した表紙だけを見せて，

T 「読んだことや，読んでもらったことがある人はいますか？」

と，問います。

（及川和男／作，長野ヒデ子／絵『いのちは見えるよ』岩崎書店，2002年）

　絵本を使った道徳授業をするときには，まずこのことを確認します。読んでいたり，読んでもらったりした子がいたら，

Ｔ「もし内容がわかっていても，まわりの友達には内緒にしておいてほしい
　し，今日は，読んだ後で，いろいろ考えてもらうので，もう一度読み聞か
　せを聞いてね。」
と伝えます。このやりとりは，とても大切な配慮です。
　最初に，表紙から話の内容を予想し，読みの構えをつくっていきます。やり
とりを少しした後，長めの絵本なので，一気に読み進めず，次の３つに分
けて，止めながら読み聞かせをします。

---

(1)隣の家の女の子「エリちゃん」が全盲のお母さん「ルミさん」の出産
　　に立ち会い，出産します。
(2)エリちゃんが「ルミさん，見えたらいいね」と言ってしまい，それに
　　対して，ルミさんが「見えるよ。いのちは見えるよ」と答えます。
(3)ルミさんと赤ちゃんがエリちゃんの教室にやって来て，エリちゃんが
　　「みんなは，いのちをだいている」とつぶやきます。

---

　(1)のところまで読み進め，発問をします。

　　全盲のルミさんが赤ちゃんを産んで，育てていくときに，どんな大変
なことがあると思いますか？

　「ルミさん」がどんな覚悟をもって，赤ちゃんを産み，育てていこうとし
ているのかを考える発問です。
　グループで意見を出し合い，その後，全体で意見を共有します。
Ｃ「おむつを替えたり，ご飯を食べさせたりするのが大変だと思う。」
Ｃ「不安にならないのかな。赤ちゃんのことが見えなくて。」
　次に，(2)のエリちゃんが思わず「ルミさん，見えたらいいね」と言うとこ
ろまで，読み進めます。その発言の瞬間，子どもたちの雰囲気が変わります。
Ｔ「ルミさんは，エリちゃんに対して何と答えたと思いますか？」

問うけれども答えは求めず，少し時間を置いた後に，その後を読み進めます。子どもたちは，ルミさんが「見えるよ。いのちは見えるよ」と言ったこと，そして，題名が「いのちは見えるよ」であることを知ります。

> 　どうして，ルミさんは，全盲なのに，「見えるよ。いのちは見えるよ」と言ったのでしょうか？

　ここでは，隣同士のペアで，じっくり対話をした後，全体で共有します。子どもたちからはたくさんの意見が出てきます。
C「赤ちゃんを触ることはできるから，見えているってこと？」
C「それなら，『いのちは触れるよ』って言うんじゃない？」
C「いのちがそこにあるってわかれば，見えていると思えるんだよ。」
C「いのちそのものは，ぼくたちにも，本当は見えないよね。」
　そして，(3)のところの最後までを読み聞かせます。

> 　どうして，エリちゃんは，みんなは，「赤ちゃんをだいている」と言わずに，「いのちをだいている」と言ったのでしょうか？

　ここでも，隣同士のペアで対話した後に，全体で共有します。
C「クラスのみんながいのちのことを考えたからかな。」
C「いのちの重みを考えたから，いのちをだいていると言ったと思う。」
　最後に，授業の感想を書いてもらいました。

> 　いのちって，見えないと思っていたけど，ルミさんは目が見えないのに，いのちが見えるって言ってたから，いのちが見えるって，どういうことなんだろうと，たくさん考えた。もしかしたら，いのちは見えるって思えたら，もっといのちを大事にしようと思うのかな。

このような子どもたちの姿，思い，言葉に出合って，道徳の授業の可能性を感じました。そして今，私の道徳の授業づくりの柱になっている次の思いをもつきっかけになったのです。

> どんな教材を使うか？よりも，もっと大切なことがある。それは，「子どもたちが本気で思考すること」だ。そのための授業をつくりたい。

この授業以降，「子どもたちが本気で思考する」授業を目指していくために，「いのちの授業」としての絵本を使った授業など，道徳の自主教材を少しずつ開発していくようになります。

③子どもが本気で思考する条件―「学習活動」の可能性―

特別支援学校から通常学級の学校へ異動した私は，授業も手探りでした。同僚がそんな私の様子を見かねて，ある授業を紹介してくれました。その授業が私の道徳の授業に対する考えを変えたもう一つのきっかけになりました。『子どもが本気になる道徳授業12選』（深澤久編著，明治図書，1991年）に掲載されていた，星野富弘さんを取り上げた授業でした。

星野富弘さんは，元中学校の教員です。体育の指導中に鉄棒から落下し，脊髄を損傷し，首から下が動かない状態になりました。しかし，そこから不屈の努力を重ね，筆を口に挟んで絵を描くようになり，今では，たくさんの詩画集の出版や，展覧会を開催するまでになっています。授業では，そんな星野さんが入院中に，ガーゼを血だらけにしながら初めて口で書いた「アイウエオ」の資料を子どもたちに提示します。そして，書き手の年齢を予想します。子どもたちは，幼児か，あるいは高齢者の年齢を予想します。しかし，43歳という実際の年齢を知らされることで，ズレが生まれ，「なぜ43歳なのに，こんな字を書いているのだろう」という問題意識とつながっていきます。そこから，星野さんが抱えていた状況を知り，子どもたちも，実際にハンカチを使ってペンを口で挟み，「アイウエオ」を書いてみるのです。完ぺきな

追体験ではないですが，星野さんがやったことを自分たちもやってみることで，子どもたちは，星野さんの思いの強さ，努力について，より実感していくことができる授業でした。

> 星野さんが初めて書いたときと，同じように書いてみて，星野さんのすごさが本当にわかった。だから，ぼくは，あのがんばりを続けてやっていけるのかなと思った。絵を描けるようになるぐらいまでがんばり続けることは難しいかもしれない。だけど，難しいと思うことをかんたんにあきらめないでやってみようという気持ちになった授業だった。

子どもたちが教材にのめり込む姿。本気で思考をする姿。この授業，この経験を通しても，道徳の授業の可能性を感じたのです。そして，今，私が一番関心をもっていることにつながっていく出合いになりました。

> よい授業は，よい素材だけではダメ。それを生かす学習活動があってこそ，機能し，子どもたちの本気の思考につながる。

この授業で言えば，「よい素材＝星野さんの生き様」と，「よい素材を生かす学習活動＝ペンを口にくわえて書くという追体験」があってこそ，授業として機能するということです。道徳の授業づくりでは，どうしても素材に目が行きがちです。しかし，「学習活動」にも重点を置いてこそ，子どもたちが本気で思考するのです。

本書は，道徳の授業づくりにおける「自主教材」と「学習活動」に焦点を
あてています。

　「自主教材」は，「自分（授業者）が見つけたり，つくったりする教材」と
いう共通理解がほぼできますが，「学習活動」は，授業者によって想定する
活動が広すぎていたり，定義が違っていたりすることがあります。

　そこで，道徳の授業づくりを次のような図で考える中で，「学習活動」に
ついて考えていきます。

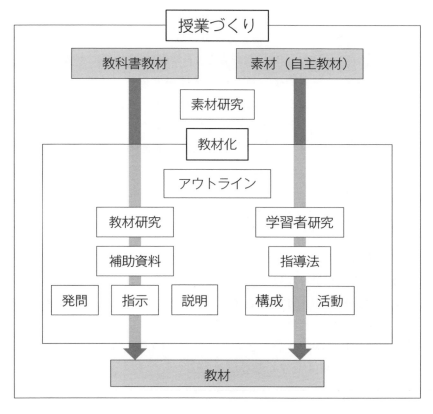

「学習活動」とは？

　「学習活動」とは，「学習目的を達成するための授業における児童・生徒の活動」と言われています。教師から課題が出された後に，その課題について，グループで話し合いをしている場面は，まさしく学習目的を達成するための活動なので，「学習活動」になります。

　他にも，様々な場面での書く作業（課題をノートに写す／自分の考えをワークシートに書くなど）も，それが学習目的を達成するための準備であるとするならば，間接的ではありますが，「学習活動」と言えます。また，「思考も活動である」というおさえをすれば，教師の発問後に，子どもたちが１人で思考している姿も，「学習活動」となります。

　こう考えると，「学習活動」は，かなり広いものになるのです。学習がスタートして，学習が終わるまでのほぼすべての時間，場面が「学習活動」とさえ言えるかもしれません。

　しかし，本書では，道徳の授業づくりの図の中の左図の部分を「学習活動」とし，さらにその中で，限定して考えていくことにします。それは，３つの「やすさ」が理由です。

①「学習活動」を限定することで，効果的な「学習活動」を考えていくためのポイントがわかりやすくなる。
②「学習活動」を限定することで，「学習活動」の基本的なパターンが見えやすくなり，それによって道徳の授業もつくりやすくなる。
③「学習活動」を限定することで，これからの道徳の授業に求められる「学習活動」を考えやすくなる。

前掲した図には，「アウトライン」とあります。これは，授業の概要のことです。例えば，授業の対象は，学年なのか，学級なのかということや，1単位（小学校では45分，中学校では50分）の授業を行うのか。それとも，ショートの単位（15分程度）の授業を行うのか。ということです。詳細は後述しますが，「アウトライン」によって，「学習活動」は変わっていきます。

　「学習者研究」という言葉もありますが，これは，授業に取り組む学習者について考えることです。言うまでもなく，どんな授業も，学習者の実態と照らし合わせながらつくられていきます。本書は，授業提案が中心なので，学習者の実態について言及することはありません。しかし，大切な視点なので，図の中に入れてあるのです。

　また，「教材化」の中に，「教材研究」のアプローチと，「学習者研究」をもとにした「指導法」のアプローチがありますが，両者は，別々に行われるものではありません。実際には両者へのアプローチを行き来しながらつくっていきます。

　次の章では，道徳の授業づくりを6つのステップに表します。

　本書が「自主教材」と「学習活動」だけを取り上げて紹介するのではなく，具体的な道徳の授業づくりの参考にもなってほしいからです。「こんな授業があるんだ。やってみたい」という思いをもったときに，自分の力で，そのような授業をつくっていくという考え方や，やり方もあります。しかし，私は，もう少し具体的に提案したいと考えました。それは，できるだけ多くの先生たちに，道徳の授業をつくることの魅力や可能性を伝えたいからです。道徳の授業づくりを図式化したのも，その思いの表れの一つです。

　6つのステップは，本書が「自主教材」に焦点をあてているので，「自主教材」の授業づくりのためのステップです。そして，その中で，「アウトライン」「指導法」「構成」「活動」という「学習活動」について，詳しく説明していきます。その後，授業例を通して，「自主教材」と，具体的な「学習活動」を提案していきます。

ここまで，「授業」という言葉と，「学習活動」という言葉が何度か出てきています。「授業」を「学習」と置き換えることはあるけれど，「学習活動」を「授業活動」と置き換えることはできません。同じように，「算数の学習」という言葉は聞いたことがあっても，「道徳の学習」とはあまり聞いたことがありません。やはり「道徳の授業」という言葉の方が聞き慣れています。それはなぜなのでしょうか。

　「学習」は，「1　学問・技術などをまなびならうこと。2　学校で系統的・計画的にまなぶこと」（デジタル大辞泉）とあります。一方，「授業」は，「学校などで，学問や技芸を教え授けること」（デジタル大辞泉）とあります。似たような意味ではありますが，「学習」には，「まなび」という言葉が入っていますが，「授業」には入っていません。

　では，それぞれの主体は，誰と考えるとよいでしょうか。

　「学習」の主体は，学習者である子どもたちで，「授業」の主体は，指導者である教師だと考えています。だから，どの視点に立つかによって，「授業」を「学習」と置き換えることはあるけれど，学習者である子どもたちが活動している「学習活動」を「授業活動」と置き換えることはできないのです。

　では，この視点で，冒頭の「なぜ道徳の学習という言葉をあまり聞かないのか」ということをもう一度考えてみます。

　算数は，指導者である教師が主体となって教えることはあるけれど，学習者である子どもたちが主体的に学ぶ側面もあるから，「算数の授業」だけではなく，「算数の学習」という言葉も聞いたことがあるのだと考えられないでしょうか。

　道徳は，基本的には1単位という限られた時間の中で，伝えなければならない内容項目があらかじめはっきりしています。これまで踏襲されてきた授業スタイルの影響もあり，子どもたちが主体的に学ぶことが難しいというイ

メージがあるのかもしれません。そのため，教師主導で授業が進められていくことが多くなり，「道徳の学習」という言葉を聞いたことがないのではないでしょうか。しかし，道徳も，子どもたちが主体的に学ぶことを目指すべきです。もちろん簡単にできることではありませんが，そこへ近づくためには，まず，子どもたちが思わず思考したくなる「教材」が必要です。そして，子どもたちが主体となっている「学習活動」も鍵になると考えています。例えば，「自分の思いや考えだけではなく，自分なりの学びのペースを可能な限り大切にできる場＝学習活動」をいかにつくり出していくのか。こうしたことが，子どもたちの主体的な学びへの一歩につながると考えています。本書の「自主教材」，そして，「学習活動」は，このような視点も意識して，提案しています。

道徳の
授業づくりのための
６つのステップ

道徳の授業づくりのための 6つのステップ表

ステップ1：授業の「アウトライン」

ステップ2：素材との「出合い」

【自主教材】

ステップ3：授業の「出口の姿」

ステップ4：「コラボ資料」の検討

【自主教材】

ステップ5：「主発問・主活動」の決定

【自主教材】【学習活動】

ステップ6：授業構成としての「パッケージング」

【学習活動】

2 「考え，選択し，決める」6つのステップ

　道徳の授業づくりには，左図のような6つの「考え，選択し，決める」ステップが必要だと考えています。ステップ1であれば，授業の「アウトライン」として，どんな内容項目を取り上げるかを「考え」たり，いくつか浮かんできたものから「選択し，決める」という作業があります。

　以下，それぞれがどんなステップなのかを詳しく説明していきますが，このステップ表のポイントは，教材開発に関することだけではなく，「学習活動」も重視しているところです。その「学習活動」は，前述したように3つの「やすさ」のために限定して考えていきます。6つのステップの中では，ステップ5とステップ6で，「学習活動」をていねいに説明しています。

　一般的な道徳の授業づくりは，「どのようにして，素材を教材化していくか」「その教材をもとに，どんな発問をしながら授業を進めていくか」「どんな板書にすると効果的か」ということが中心となっています。しかし，これまで述べてきたように，道徳の授業だからこそ，どんな「学習活動」で授業を組み立てていくかということをもっと重視すべきだと考えています。

　ステップ2からは，一つの自主教材の授業例を通して，授業づくりを説明していきます。本書で提案する授業づくりのイメージが伝わりやすいようにと考えたからです。

　「学習活動」を重視したステップ表ですが，みなさんの道徳の授業づくりに，少しでも役立つものであることを意識しています。

　ただし，6つのステップは，あくまでも授業をつくるための目安です。

　特にステップ1とステップ2は，2つのステップが入れ替わることが多いですが，他のステップでも，互いに往還しながら授業づくりを進めていきます。そう考えると，ステップというよりはガイド的なものかもしれませんが，ステップがあることで，見通しをもって授業づくりが進められるはずです。

授業の「アウトライン」は，1章でも簡単に説明をしましたが，授業の概要のことです。

　「アウトライン」として，次の3つを「考え，選択し，決める」ことがまず必要です。

---

①メインターゲットの内容項目
②教科書教材 or 自主教材
③授業サイズ

---

①メインターゲットの内容項目

　多くの道徳の授業は，各学校で決められている全体計画をもとに行われるので，授業にする内容項目は，「決める」作業はすでに終わっています。全体計画を見て，この時期には，どんな内容項目を取り上げているのかということを確認します。学校によっては，その月に取り上げられるべき複数の内容項目だけが挙げられている場合もあります。その場合は，どの内容項目から取り上げていくかということを学級や学年で選択します。

　ただ，学級や学年の実態から内容項目を「考え」て，授業することもあります。例えば，ネットでのトラブルが相次ぐという実態が学級や学年にあるので，ネットモラルを取り上げ，「相互理解，寛容」の内容項目で授業をする必要があると判断した場合です。

　あるいは，担任が子どもたちと一緒に考えたいと思うテーマや素材に出合い，そこから内容項目を「考え」て，授業をつくっていくこともあります。これが「自主教材」にあたります。

　例えば，新幹線清掃にまつわるエピソード（7分間で新幹線の清掃を仕上

げることが「7分間の奇跡」と言われ，海外からも注目されているというエ
ピソード）を担任が知って，そのエピソードから考えられる内容項目（「勤
労，公共の精神」など）をもとに授業をつくることがあります。

　また，教材（教科書教材や自主教材）によっては複数の内容項目を包含す
るものがあったり，素材を教材化していく中で，内容項目がはっきりしてき
たりする場合もあります。

　つまり，メインターゲットの内容項目を決める前に素材と出合うこともあ
るので，授業づくりは，必ずしもステップ1からスタートするとは限らない
ということです。そのため，「道徳の授業づくり・6つのステップ」でのス
テップ1からステップ2への矢印が「↓　↑」となっています。

　しかし，一般的には，メインターゲットの内容項目を決める（確認する）
ことから，授業づくりをスタートさせていきます。

②教科書教材 or 自主教材

　学校によっては，全体計画の中に，取り上げる内容項目だけではなく，授
業内容や教科書教材（教科書に掲載されている，主に読み物資料のことで
す）の使い方などがある程度決められている場合もあります。

　しかし，子どもたちが本気で思考することを大切にするのであれば，「自
主教材」を取り入れたり，教科書教材を子どもたちが本気で思考できるよう
に教材化したりすることも考えられます。あるいは，「自主教材」と「教科
書教材」をコラボレーションさせて，授業をつくることも考えられます。

　ここで注目したいのが，授業で取り扱う内容項目の数です。

　小学校では，低学年が19項目。中学年が20項目。高学年が22項目です。中
学校では，22項目です。道徳の年間授業時数は，35時間（小学校1年生は34
時間）なので，それぞれの学年で内容項目が重複する時間があります。その
時間を使って，「自主教材」に挑戦してみるのはいかがでしょうか。

　教科書教材を使うのか。自主教材を使うのか。両方使うのか。授業の「ア
ウトライン」として，「考え，選択し，決め」なくてはならないことです。

③授業サイズ

　授業サイズを「考え，選択し，決める」作業をします。授業サイズとは，「時間」のサイズと「対象」のサイズです。

「時間」のサイズ

　「時間」のサイズは，道徳の授業をどのぐらいの時間で行うのかを決めることです。これは，子どもたちの「学習活動」を直接的に規定するものの一つです。「学習活動」は，どのぐらいの時間があるかによって，できることが決まってくるからです。効果的な「学習活動」を考えていくために，時間のマネージメントは必要なのです。

　小学校であれば，1単位時間は45分なので，道徳の授業も，この1単位である45分で授業をつくることが一般的です。しかし，「時間」のサイズを柔軟に考えることが，子どもたちにとってプラスになることがあります。例えば，一つの内容項目を「45分で1回」というよりも，45分を「15分×3回」に分けて，授業をした方が効果的な場合があるのではないでしょうか。もしくは，この教材で45分の授業をつくるのは難しいけれど，子どもたちに出合わせたい教材だと思ったら，15分や25分の授業をつくってもよいのではないでしょうか。絵本の読み聞かせをして，発問一つで子どもたちが考えていく授業などは，まさに15分前後の授業になります。

　逆に，他教科の単元のように，「45分で1回」ではなく，「45分を複数回」行い，単元として扱うような授業も考えられます。「『生命尊重』を取り上げるのだけれど，テーマがテーマだけにどうしても1回の授業では足りない」「この素材を生かすためには，45分1回の教材化ではなく，45分3回の教材化が相応しい」というような場合もあるのです。道徳の教科（特別の教科）化に伴って，柔軟に「時間」サイズを変えていくことが求められてくるはずです。

　年間35時間という枠があり，その中ですべての内容項目を取り上げなければならないので，同じ内容項目で，45分を複数回取り組むことは難しいかも

しれません。また，すべての内容項目を取り上げなければ，履修上の問題も発生します。

　しかし，前述したように，年間時数35時間に対して，内容項目の数と照らし合わせると，余分な時間もあるはずです。また，カリキュラム・マネジメントとして，総合的な学習の時間や他教科と関連させて，複数回の道徳の授業時間を確保できる場合もあるかもしれません。

　校内の全体計画の中に組み込まれている場合もあるかもしれませんが，目の前の子どもたちと，教材とを照らし合わせて，子どもたちが本気で思考するために，「時間」のサイズを「考え，選択し，決める」ことが必要です。

「対象」のサイズ

　「対象」のサイズは，道徳の授業が「学級」を対象にするか。あるいは，「学年」を対象にするか。ということを決めることです。「対象」のサイズも，子どもたちの「学習活動」を直接的に規定するものの一つです。

　「学年」が対象となれば，例えば，机が使えなくなるとか，全体の場で議論がしにくくなるとか，「学習活動」が限定されていきます。

　ただ，道徳の授業をするとなれば，他教科同様「学級」で取り組むことが一般的です。授業は，子どもの実態に合わせて行われることが望ましいという前提があるからです。対象の人数が多くなればなるほど，実態に合わせることが難しくなるので，必然的に「学級」での授業が一般的になります。

　また，学習者と授業者の関係性の視点もあります。授業は，学習者と授業者の関係性の上で成立している側面があります。特に，子どもたちの心情面に切り込んでいくことが求められる道徳であれば，なおさら学習者と授業者の関係性を意識した授業づくりが必要かもしれません。このように考えていくと，「対象」のサイズは，「学級」がベースになります。

　しかし，学年の課題として取り上げたい内容項目であれば，「学級」で授業をするより，「学年」で授業をした方がよい場合があります。授業の中で，ふだんとは違う発想や視点，反応が必要であれば，「学級」で授業をするよ

り，「学年」で授業をした方がよい場合もあります。

　他にも，例えば，同じ学年に大きな手術をし，それを乗り越えた先生がいて，その先生の体験談をもとに授業するとなれば，必然的に「学年」が対象になります。

　いずれにしても，「学級」を対象にすることをベースにして，内容項目や学級・学年の実態などを考慮しながら，「対象」のサイズを「考え，選択し，決める」ことが求められます。

ステップ2：素材との「出合い」

　「自主教材」の授業づくりで，最大のポイントは，どのようにして素材と出合うか……です。素材とは，授業に使えそうだけれども，提示の仕方や，発問などがまだ整理されていない材のことです。私は，写真や映像，新聞記事などを素材として，よく使っています。

　さて，素材との「出合い」で意識していることは，次の４つです。

---

①気になった資料は，とにかくどんどんストックしていく。
②素材と出合う目をもつ。
③自分の素材集めの傾向を知る。
④素材を分析する。

---

①気になった資料は，とにかくどんどんストックしていく

　一緒に道徳の研究をしている仲間の中では，もう当たり前のことになっていますが，ネットやテレビ，新聞などを見ているときに，気になった素材は，どんどんストックしていくことが大切です。その素材を使うタイミングがいつになるかわからなくても，とにかくストックしていくのです。もしかしたら，ずっと使われない素材になるかもしれませんが，このストックしていくという意識と習慣が大切です。そうすることで，必要なときに素材を得ることができるし，素材と出合う目につながっていきます。また，素材を寝かせておくことで，素材とより客観的に向き合うことができたり，素材と素材が関連付けられたりします。

　そして，一つの素材をストックしたときには，周辺情報も調べておき，それも一緒にストックしておくと，さらに有用な自主教材の素材ストックになっていきます。

②素材と出合う目をもつ

　前述したように，ストックしていくという意識と習慣が，素材と出合う目につながっていきます。

　あるとき，知人と2人で歩いていると，「手話フォン」を見かけました。用事を済ませた後，「手話フォンの写真を撮りに行きたい」と相手に伝えると，「ありましたっけ？」と言われたことがあります。

　つまり，同じ光景を見ていても，受け取る情報は人それぞれということがあるように，同じものを見ていても，素材として受け取れるとは限らないのです。素材と出合う目をもつことが必要なのです。それは，かなり意識的に取り組まないと身に付きません。

　手話フォンは，聴覚障害者が電話リレーサービスセンターにいる通訳オペレーターに「手話」で伝えたことをかけ先へ通訳することにより，電話で即時双方向につなぐサービスであり，誰もがいつでも利用できる手話対応型の公衆電話ボックスです。

（日本財団HPより）

③自分の素材集めの傾向を知る

　私は，前述したように，特別支援学校で初任の3年間を過ごしました。それがきっかけで，「いのちの授業」にも取り組んでいました。これらの経験から，「障害」や「生命」，「弱者」に関する素材が自分の心に引っ掛かっていく傾向にあります。その傾向を自覚できていると，素材に出合う目の精度が高まります。出合いやすくなるのです。また，自分の傾向を知ることで，逆に，自分の傾向とは違う素材も集めやすくなります。

　例えば，オリンピックよりも，パラリンピックの方に視点が行きやすくなります。その中で，パラリンピックの開閉会式の視聴率がオリンピックの開閉会式の視聴率に比べて低いという素材と出合います。

　しかし，単純に「だからパラリンピックにもっと注目すべきだ！」という視点では授業をつくりません。自分がどうしても「弱者」の視点に立って素

40

材を集めてしまうことを自覚しているからこそ，パラリンピックの開閉会式の視聴率が低いことには，どんな原因があるのか，様々な角度から探るようになります。現在は，「オリンピック→パラリンピック」という開催順になっていますが，この順番の影響についても調べます。また，民放のテレビ放映であれば，ある程度の視聴率が必要になり，視聴率がとれることが予想されるオリンピックの放映をどうしても優先してしまいます。その結果，パラリンピックの認知度が広がらず，さらに視聴率が下がってしまうというサイクルがあることも知ることができ，授業づくりに幅が生まれるのです。

④素材を分析する

「素材に出合う」というのは，素材集めだけではありません。素材をどう教えるか……という前に，「素材研究」と呼ばれるような，素材そのものの価値などを分析することも，「素材に出合う」ということだと考えています。

ここからは，具体的な授業例をもとにして，素材研究も含めた素材との出合いと，授業づくりについて説明していきます。

授業例③　正義について考える
―やなせたかしさんの思い―
（C公正，公平，社会正義）

「ボクのおとうさんは，桃太郎というやつに殺されました。」という言葉が中央に書かれ，その下に，泣いている子どもの赤鬼が描かれています。そして，その下に，「一方的な『めでたし，めでたし』を，生まないために。広げよう，あなたがみている世界。」というコピーが書かれています。
2013年度「新聞広告クリエーティブコンテスト」最優秀賞「めでたし，めでたし？」C山﨑博司　AD 小畑茜（共に博報堂）

　以前，上図のポスターを使った実践を知る機会がありました。あまりにもインパクトあるポスターだったので，私もこのポスターを使って，授業をつくってみたいと思って，ストックをしていました。

　あるとき，「アンパンマン」の作者であるやなせたかしさんの次の言葉に出合いました。

　　正義って相手を倒すことじゃないんですよ。アンパンマンもバイキンマンを殺したりしないでしょ。だってバイキンマンにはバイキンマンなりの正義を持っているかも知れないから。

（「NEWS ポストセブン2011年5月3日付」より）

　この言葉と，ストックしていたポスターがつながったと思い，授業をつく

ることにしました。

　まず，やなせたかしさんの言葉を分析します。みなさんなら，どんな分析
をするでしょうか。

　この言葉からは，「正義」について多面的に考えていくことの大切さが伝
わると考えました。「正義」という名のもとに行われたことが，立場や視点
を変えると，全く違った結果，受け取られ方になっていることがあるのでは
ないか。そうした想像力をもつことは大切ではないか。これは，ポスターの
メッセージと共通するところです。

　そんなことを考えていきながら，周辺情報も調べていくと，「アンパンマ
ン」が描かれた経緯とも関連するのですが，この言葉の背景には，やなせさ
ん自身が戦争を体験し，その戦時中に抱いた思いがあることも知ります。

　そして，この言葉が子どもたちにとって，どんな意味をもつかを考えてみ
ます。私たち（社会）が一面的な正義感をもち，それが他者理解などで軋み
を生んでいることは，子どもたちの世界の中にもあるのではないでしょうか。
ただ，「バイキンマンなりの正義」は，子どもたちには，少しイメージしづ
らいことがあるかもしれないと分析します。

ここからは，具体的な授業づくりである「教材化」の作業に入っていきますが，まず考えるべきことは，授業の終わり＝授業の「出口」です。

　授業の終わりには，子どもたちがどんな姿になっていたり，どんな思いをもっていたりしてほしいのか。授業の「出口の姿」から，授業をつくっていきます。そこが明確になればなるほど，どんな発問や学習活動が必要で，どんなパッケージングになっていれば，効果的かということが見えてきます。

　みなさんなら，この素材で，どんな「出口の姿」を考えるでしょうか。

　授業例**❸**で，私が考えた出口の姿は，次の３つです。

---

①「正義」について多面的に考えている。

②思考（価値観）が揺さぶられている。

③自分の本心，本音と向き合うことができている。

---

　①は，この素材ならではの「出口の姿」ですが，②と③は，道徳の授業では，いつも大切にしている「出口の姿」です。

　子どもたちの思考（価値観）が揺さぶられるためには，まず「アンパンマンなりの正義」を意識してこそ，「バイキンマンなりの正義」で揺さぶられると考えました。「泣いている子どもの赤鬼」のポスターの視点も，桃太郎の正義感を意識してこそ，揺さぶられていくと考えていきます。このように素材を分析していくことで，子どもたちが「正義」について多面的に考えていけることにつながっていきます。

ステップ４：「コラボ資料」の検討

ステップ４は，「コラボ資料」の検討です。前述した授業づくりの図（p.25）の中の「補助資料」の部分です。コラボは，コラボレーションのことですが，主素材に対して，コラボ資料が必要かどうか。必要であるならば，どんな資料があるとよいか。コラボ資料について検討していきます。

以下，授業例③での「コラボ資料」の検討について触れていきますが，この段階で，具体的な授業づくりだけではなく，他のステップと往還しながら作業しているのが見えてくるはずです。主素材にするものも，子どもたちの「出口の姿」から，やなせさんの言葉を取り上げた方がよいことが見えてきます。

まず，コラボ資料を使用するかどうかを判断しなければなりません。その際のパターンは大きく分けて２つです。

偶然性＝素材を集めている中で，「この資料とこの資料を組み合わせたらよいかも……」と判断した場合

必然性＝子どもたちの「出口の姿」につなげるために，取り上げた素材だけでは，弱い／足りないと判断し，素材（資料）を探す場合

コラボレーションする資料には，次の４つの資料が考えられます。

---

①主素材（資料）と同じ立場（視点）の資料

②主素材（資料）と対立的／対照的な立場（視点）の資料

③主素材（資料）と少し立場（視点）がずれている資料

④主素材（資料）の視点を新たな立場（視点）や場面で考える資料

ステップ２でも触れましたが，「泣いている子どもの赤鬼」のポスターが

今回の授業の着想になっていますが，主素材は，やなせさんの言葉です。ただ，「バイキンマンなりの正義」については，子どもたちにない視点です。だからこそ取り上げているのですが，ない視点ゆえに，子どもたちが理解しづらかったり，子どもたちの実感度が足りなかったりするかもしれないと考えました。

　そこで，授業の着想のもとになったステップ２の「泣いている子どもの赤鬼」のポスターをコラボ資料として使うことを考えました。前述した２つのパターンで考えると，「必然性」の中でのコラボ資料ですが，授業の着想にもなっているので，そういう意味では，「偶然性」のコラボ資料とも言えます。つまり，「偶然性」と「必然性」には明確な線引きはありません。

　もう一つのコラボ資料は，電車で足を広げ，席を詰めずに座る人のイラストです。このイラストは，子どもたちが自分ごととして，「正義」と向き合う場面で使います。

　子どもたちが自分ごととして，「正義」と向き合うためには，教室での場面の方がよいのでは？という考え方もあります。

　しかし，私は，むしろ教室での場面ではない方がよいと考えたのです。

　なぜならば，教室の場面では，子どもたちは，自分の本心とは違う判断，いわゆる「きれいごと」の判断を選択してしまうことも多いのです。

　例えば，掃除の時間に自分の仕事を他の人に押し付けている場面で，自分の中の「正義」と向き合います。多くの子は，「注意をする」という判断を選択します。もちろん「注意すると，逆にいじめられる」とか，「言い返されたり，何か言われたりしそうで，注意しづらい」という思いも出てきますが，だからといって，そんな思いがあるから，「この場面では注意しなくてもよい」という判断にはなりません。教室である以上，そういう判断が望ま

しくないと，子どもたちはわかっているからです。もちろんこうした判断の価値を伝えたり，共有したりすることは大切です。低学年であればあるほど，大切さは増します。しかし，このような授業では，価値の押し付けになってしまう傾向があり，多面的・多角的な思考にはつながりません。「注意しなければならない」という側面と，「注意しづらい」という側面だけでは，少なくとも多面的とは言えないのではないでしょうか。

　電車の中は，教室ではないし，自分たちが子どもである以上，「注意しなくてもよい」という判断も許されます。しかし，イラストのような場面は，現実社会にはよくあることで，しかも，大人たちは，その中で，自分の中の「正義」と向き合っています。「子どもだから……」ということで，「正義」との向き合い方が変わってもよいのか。よくないのか。また，注意しようとする相手が強面だから注意しづらいということは，大人であれば，公言することが難しい場合があります。子どもという立場なら，そのことをどう考えるのか。そもそも「正義」とはどういうことだろう。など，あえて教室ではない場面を取り上げることで，「正義」について多面的に考えることができるのです。「必然性」の視点で，新たな場面でも，「正義」について考えるコラボ資料です。

　授業例❸では，こうして授業づくりにあたって，2つのコラボ資料（「泣いている子どもの赤鬼」のポスターと「電車で足を広げて，席を詰めずに座る人」のイラスト）を準備しました。ただ，どんな素材でも「コラボ資料」を使用するわけではありません。素材一つで授業を進めることも，もちろんあります。「コラボ資料」があることで，子どもたちの思考が拡散してしまうこともあるからです。だからこそ，ステップ4は，「コラボ資料」を「検討する」なのです。

　今回の授業では，2つのコラボ資料でしたが，45分の授業で考えると，コラボ資料が2つなのは少し多いかもしれません。実際の授業では，取り上げ方に軽重をつける必要が出てきます。まさしくステップ5やステップ6とも往還しながら授業づくりを進めていきます。

7 ステップ5：「主発問・主活動」の決定

「主発問・主活動」は，授業の中で，中心となる発問と学習活動のことです。「主発問・主活動」を考えるための理論的なところと合わせて，授業例③の主発問と主活動を紹介していきます。

①主発問

> 「簡単に／すぐには」答えられない発問

発問を考えるときに，最も大切にしていることです。

「簡単に／すぐに」答えられるような発問では，子どもたちが本気で（深い）思考をしているとは言えないからです。「うーん」と唸ったり，「これは，難しいなぁ」とつぶやいたりしながらも，思考することをやめない発問が理想です。もちろん，学習者にとって難しすぎて，「簡単に／すぐに」答えられない発問では，逆に思考停止になってしまいます。

そこで，子どもたちが本気で，深く思考する発問にするため，次の5つの視点を意識しています。

> ①自分ごととして考えるようにする。
> ②あえて自分ごとから少し距離を置いて考えるようにする。
> ③関心がないことから問題意識を引き出す。
> ④関心があっても，見えていないことから問題意識を引き出す。
> ⑤子どもたちの思考や，当たり前だと思っていたことを揺さぶる。

これらの視点が具体的にどんな発問になっていくのかということは，3章の授業例のところで述べていきます。

授業例❸では，主発問を次のように考えました。

あなたが考える「正義」とは？

「②あえて自分ごとから少し距離を置いて考えるようにする」と「⑤子ど
もたちの思考や，当たり前だと思っていたことを揺さぶる」を意識した発問
です。

自分のまわりの中の「正義」だけを考えるのではなく，もっと多面的に
「正義」について考えるために，自分ごとから少し距離を置き，「正義」につ
いて考えるという発問にしたのです。

また，授業の中では，やなせさんの「正義」に関するいくつかの言葉を提
示するごとに，「あなたが考える『正義』とは？」と繰り返し問います。同
じことを問われることで，思考が揺さぶられていきます。「同じことを繰り
返し問う」ということはよく使う手法なのですが，どんなことでも繰り返し
問えばよいというものでもありません。繰り返し問うことで，問われるもの
への見方が変わっていくことが前提です。

②主活動
主発問を考えるということは，一般的な教材化の過程の中でもよく言われ
ることです。そのため，イメージをもちやすいですが，私は，主発問と同レ
ベルで，主活動を考えることも大切にしています。主活動とは，授業の中心
に据える学習活動のことです。

主活動は，主発問と連動しています。主発問によって，主活動が決まる場
合もあるし，逆に，主活動
が先に決まって，主発問が
決まってくるという場合も
あります。

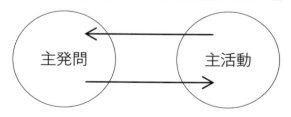

1章の授業例❶では，

「ベストアンサーを目指して回答する」という主活動が先に決まり，主発問も決まっていきました。授業例❷では，主発問が先に決まり，「どうして，ルミさんは，全盲なのに，『見えるよ。いのちは見えるよ』と言ったのでしょうか？」という発問であるならば，「子どもたちに，話し合いの時間を委ねて，子どもたちの思いを対話することを重視する」という主活動にした方がよいと決めていきました。

　そして，授業例❸です。

　「正義とは何か？」という主発問が先に決まり，それを「定義付け」として形（発問）にし，それを繰り返し問うという主活動にしました。これは，主発問から主活動という流れになっていますが，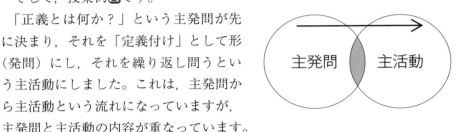主発問と主活動の内容が重なっています。

つまり，主発問と主活動は明確に分けられるものではありません。ただ，主活動という視点ももって授業づくりを進めていくことが必要だと考えています。これまで述べてきたように，素材や発問だけではなく，どんな学習活動を授業の中で位置付けるかによっても，子どもたちの思考は大きく変わっていくからです。

ステップ6：授業構成としての「パッケージング」

8

　最後のステップは，ステップ1からステップ5で「考え，選択し，決めた」ことを授業構成として，パッケージングしていきます。

　パッケージングをするにあたって，子どもたちが本気で思考するために，重視している6つの学習活動について，まず考えていきます。最後に，授業例③のパッケージングを紹介します。

①学習活動「導入」

　導入の大切さは，どの教科でも言われていることですが，道徳では，特に力を入れていく必要があります。そう考えている理由が3つあります。

　1つ目は，道徳の授業では，日常生活の中で，子どもたちに興味関心があまりない対象や，「視れども見えず」の対象から問題意識をもつことが基本だと考えているからです。もちろん興味関心があることから授業がスタートすることもあります。しかし，子どもたちの思考を揺さぶるためには，興味関心があまりない対象や，「視れども見えず」の対象から問題意識が生まれる方がよりよいのです。

　そう考えると，導入でしっかり子どもたちの興味関心を引き付けていく必要があるのです。

　2つ目は，単元構成による見通しの有無です。他教科には，複数時間にわたる単元構成があります。子どもたちに，それが理解されていると，次の時間にはどんなことを学ぶのかという見通しがもてます。しかし，道徳は，基本的に1単位時間ごとの授業なので，子どもたちに単元構成のような見通しがありません。つまり，学びの構えが他教科と比べて，できにくいと考えられます。もちろん学習予定表などで，道徳の学習内容を知らせたり，事前に1年間の授業計画を子どもたち（保護者）に伝えたりしている場合もあるかもしれません。ただ，私はあまり賛同していません。事前に授業内容がわか

ってしまうと，授業が始まる前にすでに，子どもたちの中に視点が生まれてしまうからです。

　いずれにしても，単元の見通しがない分，導入の段階で，子どもたちが学びの構えをもてるようにします。

　３つ目は，道徳の授業は，基本的に，１単位時間で授業として完結しなければならないことです。導入でもたついてしまうと，終末段階で時間が足りなくなってしまう場合があります。可能な限り，導入時に，ズバッと核心に迫っていける導入を心がけます。

　一般的な導入は，教材を提示することですが，他にも様々なパターンがあります。授業例①では，曲を流して，歌詞の意味を考えさせる導入。授業例②では，絵本の表紙を見せる導入。授業例③では，後述しますが，「クイズを出す」ことから授業をスタートさせています。３章の授業例の中でも，多種多様なパターンがあります。

　パッケージングでは，まず前述した３つの理由を意識しながら，導入を考えていくことが必要です。

②学習活動「対話」

　道徳の授業は，授業を通して，子どもたちの知識や理解，価値観を揺さぶりながら，どれだけ子どもたちが本気で思考し，その思考を深めていくかが成否の鍵です。

　では，そのためにどんなことが必要でしょうか。

　まずは思考を深めることができる「力のある素材」，そこから導かれた「主発問」と「主活動」が必要だということは，これまで述べてきました。そして，パッケージングの中の学習活動という視点で考えると，「対話（議論）」の場が大切だと考えています。

　「対話」は，自分の考えを相手に伝えて，その反応から自分の考えを振り返ることができます。また，相手の考えを聞き，自分の考えと比べることもできます。まさに思考が深まる場です。そのためには，「じっくり対話をし

て，自分の考えと向き合うこと」「可能な限り多様な考えに出合い，対話することが必要です。

　一問一答で進めていく一斉授業のようなスタイルの道徳授業も，もちろんありますが，余程の教材と発問でなければ，一人一人が多面的・多角的に思考を深めるということは難しいです。そのため，**道徳の授業の学習活動は，対話ベースで進めていくべきだと考えています。**

　「対話」といっても，様々な「対話」の形があります。２つのパターンを紹介していきます。

対話する対象から考えるパターン

> ペア／グループ／全体／自由交流対話／意志ある対話

　「ペア」は，隣の席，あるいは近い席の者同士で対話をします。

　２人で取り組むので，グループで対話するよりも時間をかけて対話することができます。ただ，時間をかけられる反面，グループよりも人数が少ないので，多様な考えに出合う可能性が低くなります。しかし，１対１での対話は，話し手・聞き手という役割がはっきりしているので，安心感をもちながら，落ち着いて対話ができます。

　「ペア」は，主にこの２つの対話場面で選択します。

> ①時間があまりとれない対話
> ②多様な考えに出合うというよりは，自分の思考をじっくり整理するために時間をかけたい対話

　「グループ」は，基本的には生活班（あるいはその授業のときに座っているグループ）で対話をします。

生活班を何人で構成しているかという問題がありますが，対話するためのグループは4人がちょうどよいです。5人だと，机を向い合わせたときに互いの距離が遠くなり，物理的に聞きづらいとか，対話の中に入りづらいなどの環境要因で，いわゆる「お客さん」状態になることがあります。

　グループでの対話は，人数が多い分一人一人の対話に時間がかかるので，対話の時間を保障するには，ある程度の時間が必要になってきます。しかし，人数が多いということは，その分多様な考えに出合いやすくなります。道徳の授業では大切にしたいことです。

　「グループ」は，主にこの2つの対話場面で選択をします。

---

①時間がとれる対話
②主発問のときなど，多様な考えに出合うことが必要な対話

　「全体」は，クラス全体で対話を進めていきます。

　クラスの人数や使える時間によっては，実際に発言しながら対話できる子どもは少なくなってしまいます。「1単位時間の授業内で全員発表する」というような取組もありますが，あれは発表であって，対話ではないと考えています。

　道徳の授業では，他教科以上に，一つ一つの意見をしっかり受け止めて，自分はどう考えるのかということを積み重ねていくことが必要です。それこそが対話であり，それによって思考が深まっていくと考えています。

　「全体」では，発問や鍵となる発言を全体に伝えて，一斉に思考できるよさがありますが，多くの子どもたちは，他者と対話するのではなく，自分自身と対話することになります。もちろんこれも対話と位置付けることができますが，やはり小学生という発達段階を考えると，基本的には，実際に自分の思いや考えを声に出して，相手と伝え合いながら，思考を深めることが望ましいと考えています。何よりも他者の考えと出合うということが大切だと

考えています。

「全体」は，主にこの2つの対話場面で選択します。

---

①対話する論点が明確で，どの子も自分ごととして考えられる対話
②短時間で，全体で確認できた方がよい対話

「自由交流対話」とは，自由に立ち歩き，交流する相手を見つけ，対話するというものです。

「自由交流対話」といっても，ペアで対話する場合と，グループぐらいの人数で対話する場合がありますが，前述したペア・グループでの対話との違いは，2つあります。

1つ目は，対話によって生まれる時間差を埋めることができることです。

どういうことかというと，例えば，隣同士のペアで対話をするとき，対話が終わってしまったら，他のペアが終わるまで，次の活動を待たなくてはなりません。もちろん対話が日常化し，対話する力が高まっていたら，どのペアも時間内の対話ができるようになります。しかし，そこまでの状態になることは簡単ではありません。

「自由交流対話」だと，対話が終わってしまった後も，同じように対話が終わってしまっている違う相手を見つけて，時間になるまで対話を繰り返すことができます。

2つ目は，「自由交流対話」に長い時間が保障されていれば，多くの考えに出合うことができます。ペアだと1人分の考え。4人グループだと3人の考えですが，「自由交流対話」だと，対話が終わった段階で，どんどん違う相手を見つければ，多くの考えと出合うことができます。

また，立ち歩くという行為が座り続けていた体を動かすことになるので，例えば，集中力が回復して授業に臨めるなどの副次的な効果もあります。ただし，学級が不安定な状態であれば，立ち歩くという学習活動には慎重であ

ることが求められる場合もあります。多様な考えに出合えるための「自由交流対話」なのに，仲のよい友達のところに行って対話していては，あまり意味がありません。学級の状態を分析して，その状態に合った手立てをとりながら進めていきます。

「自由交流対話」は，主にこの３つの対話場面で選択をします。

①時間がとれる対話
②時間差を解消したいときの対話
③主発問のときなどに，ダイナミックに多様な考えに出合う対話

「意志ある対話」とは，自分の意志で対話する相手を見つけて，対話をすることです。

授業の中で，よくペアやグループで対話をしますが，その場にいる人と対話する必然性は，子どもたちにはそれほどありません。もちろん近くのペアやグループで対話することのよさはあります。例えば，「友人関係に縛られない交流ができる」「時間をかけずにすぐに交流ができる」「対話する相手が決まっている安心感」などのよさです。

しかし，時には，自分の意志で対話する相手を見つけて，対話することを取り入れていくことで，ペアやグループでの対話とは違う思考の深まりが期待できます。

例えば，発問に対していくつかの意見に分かれたとします。その意見を黒板に提示し，自分と同じ意見のところにネームカードを貼ります。子どもたちは，そのネームカードを見て，対話する相手を決めます。「同じ意見だけれど，どうして，その意見にしたのか理由が聞きたい」「自分とは違う意見だけれど，どうしてその意見にしたのか聞いてみたい」という自分の意志を大切にしながら対話をするのです。

対話する人数は，ペアのところもあれば，大人数になってしまうところも

あるかもしれませんが，自分の意志で動いているので，集中して対話の場に
いることができます。ただ，対話がしたいのに，どの子と対話すればよいか
わからない子や，迷っているうちにいくつかのグループができてしまい，そ
のグループに入れずに，どうしようと困っている子も，クラスにはいます。
その際は，配慮が必要です。教師が関わり，対話の場に入れるようにします。
　「意志ある対話」も，「自由交流対話」と同じで，一人一人の学びに向かう
姿勢に委ねる学習活動なので，「自由交流対話」と同じように，学級集団の
状態を考慮した上で，選択します。
　「意志ある対話」は，主にこの２つの対話場面で選択をします。

①意見が複数に明確に分かれ，それぞれの意見をぶつけ合う対話
②子どもたちの意志や選択を尊重したい対話

個人思考の時間の保障から考えるパターン

個人思考の時間をとってから対話／個人思考の時間をとらずに対話

　発問した後，一人一人が自分の思いや考えをもってから対話に入るのか。
それとも，すぐに対話に入るのか。という視点で考えて，対話をするタイミ
ングを決めていきます。
　基本的には，自分の考えをもった状態で入った方が対等に対話することが
でき，もちろん対話する相手にとっても，その状態が望ましいです。また，
対話の前に，自分の考えがはっきりしていると，対話を通して自分の考えを
振り返ることもしやすくなります。
　しかし，いくつかの考慮すべき点があります。
　例えば，「個人思考から対話」という流れにすると，個人思考の分の時間
がかかってしまいます。しかも，どの子も自分の考えをもつまでには個人差

も生まれます。つまり，「自分の考えをもつ」ことを対話の前提にしてしまうと，時間を有効に使えなかったり，対話をする場面が限られたりしてくるということです。

　一方，個人思考の時間をとらない対話は，授業の中で，たくさん取り入れることができます。対話の質は，量から生み出されるという言葉があるように，対話の量（回数）を多くもつことが大切です。しかも，個人思考の時間をとらないことで，自分の思いや考えがなかなかもてない子や，苦手な子の対話に対するハードルを下げることもできます。

　ただ，自分の思いや考えをもたずに対話に入ると，聞くばかりになり，対話にならないという可能性があります。そのため，個人思考の時間をとらずに対話する場合，「相手の話を聞いている中で，自分の考えがはっきりしていく場合もあること」「自分の考えをもっていても，自分の考えを押し付けるのではなく，相手の考えを引き出すように対話をすること」を繰り返し伝えていきます。

　「個人思考の時間の保障から考える対話」は，次のことを意識して，選択します。

> 　個人思考の時間をとる発問は，主発問などの発問に絞り，補助発問などでは，個人思考の時間をとらずに対話に入ることを基本とする。

　ただし，主発問であっても，事前の想定と違い，子どもたちの多くが自分の考えをなかなかもてずにいる状況になることもあります。「みんなで対話しながら考えてみようか」と声をかけ，個人思考から対話に切り替えるようにします。事前に想定した学習活動に縛られるのではなく，子どもたちの様子を見ながら，判断をしていくことが大切です。

③学習活動「話し合い」
　私は，「対話」と「話し合い」を分けて考えています。

対話は，２人で行うものというおさえもありますが，前述したように，本書では，人数に関係なく，その場にいる人たちが自分の思いを伝え合ったり聞き合ったりすることとおさえています。一般的には，「話し合い」とも言える状態ですが，対話を通して，より自分の思いや考えを振り返ることを重視した場と考えています。

　話し合いは，立場をはっきりさせた議論をしたり，合意形成のような活動もしたりする場だとおさえています。

　例えば，「音が鳴る信号機が騒音だという苦情が来ていることに対して，信号機を管理しているところは，どう対応したらよいと思うか？」という発問があったとします。その発問に対して，対話から各々の考えを知り，自分の考えを振り返る授業と，対話を終えた後に，「グループの見解として，１つの意見にまとめてみよう」という話し合いの学習活動を取り入れた授業とでは，明らかに子どもたちの思考が違ってきます。

　もちろん１つの意見にまとめることはできないかもしれません（子どもたちには「まとまらなくてもいいけれど，まとめようとすることが大事です」と伝えておきます）し，そもそも「１つにまとめる」ということがふさわしくない教材や発問もあります。

　他にも，「一番よかった意見を選ぶ」「立場をはっきりさせて議論する」など，「話し合い」の学習活動は，「導入」同様，多種多様なパターンがあります。教材や発問を生かすために，どんな「話し合い」の学習活動が効果的なのかを考えていくことが大切です。

　そして，対話という時間はとらなくても，話し合いの学習活動には，対話の要素が必ず入ります。つまり，道徳の授業の学習活動は，やはり対話ベースで進めていくことに変わりはありません。

④学習活動「個人差」

　道徳の授業を進めていく上で配慮しなくてはならないことの一つに，学習活動における「個人差」があると考えています。

道徳は他教科に比べて，わかりやすい「解」というものがなく，授業の中では，自分の思いや考えを多く求められます。しかも，思考が揺さぶられた上で，さらに自分の思いや考えを言葉にしていくことも求められます。

　そう考えると，個人思考の場面では，自分の思いや考えがなかなかもてず，個人差が生じてしまうことが予想されます。もちろん他教科でも，思いや考えを求められることはありますし，「解」がある発問だとしても，「解」にたどり着くまでに，時間がかかる場合もあります。

　しかし，道徳は，他教科と比べて既習事項というものがなかったり，一人一人の生活経験に差があったりする中で，自分の思いや考えをもたなければなりません。だからこそ，他教科より個人差が出てしまう場合が多いのではないかと考えています。

　授業中に空白時間をつくらないことは，授業づくりの大原則ですが，特に道徳では，個人差によって空白時間が生まれてしまうことを意識して，学習活動を組み立てていくことが必要です。

⑤学習活動「ノート・ワークシート」

　道徳の授業で使用するノートやワークシート（使い方や書き方も含めて）は，学校全体で，あるいは学年ごとに揃えられていたり，あるいは，各学級に任せられていたりするかもしれません。

　いずれにしても，子どもたちがその時間の思考を整理するためにも，あるいは，子どもたちの学びの履歴として残していくためにも，ノートやワークシートは必要です。そして，ノートやワークシートに書く時間，書く場面も学習活動の一部だと考えています。

　ノート，ワークシート，それぞれにメリット・デメリットがありますが，本書で提案するのは，ワークシートです。

　ワークシートを使用する主なメリットは，２つです。これは，一般的なノートでは難しい要素です。

①毎回同じ形式で，学びの履歴が蓄積されるので，振り返りやすい。
②ワークシートごと交換して，子どもたちで見合うことができる。

　ワークシートは，授業を支える補助的なツールとして，一般的には考えられていますが，私は，学習活動を規定する重要なツールだと考えています。以下，ワークシートの意図や使い方を説明しますが，その中で，きっとその意味が伝わるはずです。

　また，ワークシートを授業ごとに，つくる場合もあります。その授業に合わせて，ワークシートをつくるタイプのほとんどが，その授業で問われることがすでに書かれていることがとても多いです。もちろん対象学年によっては，特に低学年では，よいのかもしれませんが，基本的には，避けるべきではないでしょうか。

　子どもたちが本気で思考する道徳の授業には，教材や主発問，主活動によって，揺さぶりや新たな発見，気づき，驚きなどが生まれます。そう考えると，授業が始まる前に，ワークシートから得る情報や見通しは，最低限にしたいと考えています。

　次頁のワークシートは，どの授業でも共通で使うことを想定しています。ファイルのようなものを用意し，授業ごとに使ったワークシートをファイリングしていきます。そうすることで，子どもたちがこれまでの学びを振り返ることもできます。

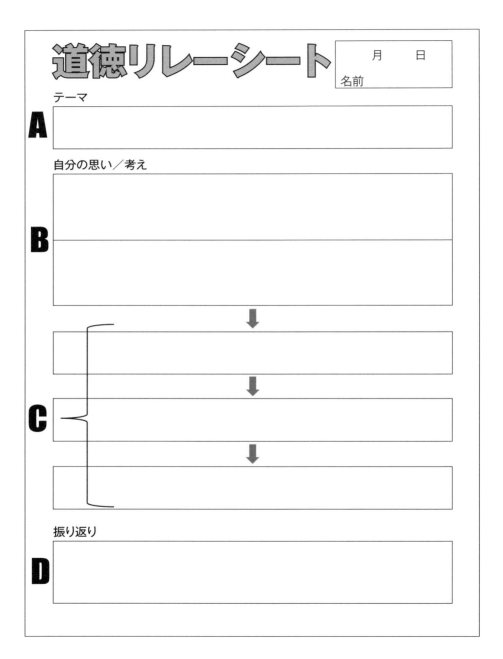

道徳リレーシート

月　　　日
名前

A テーマ

B 自分の思い／考え

C

D 振り返り

A＝ここには，授業のテーマを書きます。ただし，このワークシートの使い方で大切なことの一つなのですが，授業の冒頭で，テーマを書くようなことはしません。なぜなら授業冒頭に書くとしたなら，ここには，おそらく授業で取り上げられる内容項目に関連したことが書かれるはずです。資料名などは，テーマとは言わないからです。

そうすると，子どもたちがこのテーマを書いてしまう段階で，この授業を通して，指導者が伝えたいこと（内容項目）を概ね知ってしまうということになります。その後の授業も，その視点で受けていくことになります。それでは，子どもたちの思考を揺さぶることが難しくなります。

学習予定表などで，道徳の学習内容を知らせたり，事前に１年間の授業計画を子どもたち（保護者）に伝えたりしていることにあまり賛同していないことの理由も同じ視点です。

何度も繰り返しますが，道徳の授業づくりのポイントは，「どれだけ子どもたちの思考を揺さぶることができるか」です。そのための条件づくりを意識していかなければならないと考えています。

そこで，柔軟な発想でワークシートを活用するのです。テーマを授業の最後に書くようにするのです。「今日受けた授業のテーマは何か？と聞かれたら自分はどう書くか」という学習活動を最後にもってくるのです。そうすることで，子どもたちは，その時間の学びを俯瞰したり，相対化したりしながら書こうとするので，学びがより自分のものになっていくはずです。指導者としても，自分が取り上げた内容項目が子どもたちにどう伝わったかということを評価できる部分でもあります。

また，学習活動というより，教材化とも言える視点ですが，「今日の授業で大切だと思ったこと」ではなく，「今日受けた授業のテーマ」にして，子どもたちに問うようにしているところがポイントです。後者の方が，取り上げた内容項目に対する子どもたちの向き合い方がよりわかります。

B＝主発問での自分の思いや考えを書きます。ここは，１つのスペースに

1本の線が入っているということがポイントです。ワークシートをこうした構成にしておくことで，主発問を1つか2つにするという授業づくりと関連させていくのです。子どもたち自身も，このワークシートのつくりから授業の見通しをもつこともできます。

　私は，基本的には，1つの授業で，1主発問と考えています。そのため，Bのスペースには，上のスペースに，主発問の思いや考えを書き，下のスペースに，後述する「発信型まとめ」を書くようにしています。

　C＝道徳の授業の学習活動は，対話ベースで進めていくと，繰り返し述べてきましたが，ワークシートでも，対話に近い形を意識したスペースをつくっています。そのスペースがCです。基本的には，授業の振り返りに入る前に使います。

　Bのスペースに，「自分の思いや考え」を書き終えると，立ち上がり，近くの人とワークシートを交換して，ワークシートに書かれている，交換した相手の「自分の思いや考え」に対して，自分が感じたことや考えたことをコメントしていきます（自分の名前も書きます）。

　書き終えると，再び立ち上がり，同じようなタイミングで立った人（近くの人とは限りません）とワークシートを交換し，さらにコメントをリレーのように書いていきます。3回コメントを書くスペースがあるので，3回目にワークシートが回ってきて，コメントを書き終えたら，そのワークシートのもともとの持ち主にワークシートを戻します。その際，自分のところにまだワークシートが戻ってきていなかったのなら，また違う人のワークシートを受け取り，コメントを入れていきます。

　ワークシートの交換は，上手く組み合わせられない場合もありますが，慣れていくと，子どもたち自身で調整できるようになります。ただ，このワークシートを導入した当初の時期や，学年によっては，指導者が調整しながら進めます。また，場合によっては，時間内に3人分のコメントをもらえないこともあります。途中であっても，時間になれば，振り返りに移ります。全

員のワークシートがすべて埋まっている状態をゴールとはしません。

　コメントを３人分もらえなかったとしても、「その分じっくり思考ができたということ」だと、価値付けることも大切です。それでも、どうしてもコメントが欲しい場合は、休み時間等を使い、他の人に書いてもらいます。

　コメントする際のポイントは、「リレー形式だということを意識する」ということです。例えば、２番目にコメントを書く人は、ワークシートの持ち主の「自分の思いや考え」に対してだけ書くのではなく、１人目のコメントも含めて、自分の思ったことや考えたことを書きます。つまり、コメントがつながっていくように書いていくのです。

　こうした学習活動を取り入れるよさが４つあります。

---

①交流の時間に、自分の思いや考えをあまり聞いてもらえず、友達の話だけを聞いて終わった子が自分の思いや考えを知ってもらえる。

②交流は終わってしまったけれど、もっと自分の思いや考えを誰かに聞いてほしいと思っている子が知ってもらえる。

③書き終えて、立ち上がった者同士でコメントを入れて置くので、早く終わった子は、いろんな友達の考えを読めて、コメントを入れることもできる。じっくり考えて、自分の思いや考え、コメントを書きたい子は、急がされず、自分のペースでできるので、個人差に対応できる。

④音声でのやりとりはしないが、コメント欄に、多様な思いや考えが書かれているので、それらと自分の思いや考えを照らし合わせながら、俯瞰して振り返りを書くことができる。

　Ｄ＝授業の終わりに振り返りを書きます。

　時間設定が上手くいかず、コメントがあまり書かれていない中で書く場合もあります。しかし、基本的には、授業だけではなく、友達からもらったコメントの内容も含めて、振り返り、言葉にします。

この後の「⑥学習活動『まとめ・振り返り』」でも説明しますが，ワークシートの振り返りには，一般的な「まとめ」は書かないようにします。

　そのため，指導者から，振り返るための視点やフレームを提示して書いてもらったり，子どもたちなりの視点で，この授業をどんなふうに受け止めたのかを振り返ってもらったりします。

　ただし，あくまでもねらいをもった授業である以上，授業で取り上げた内容項目に，子どもたちがどう向き合ったのかということも大切です。だからこそ，授業の最後に，Aのスペースにテーマを書くという学習活動を取り入れています。

　欄外＝対話や交流をしているときに，「なるほどな」と思う考えに出合ったり，自分の考えを修正したいと思ったりする場面があります。そのときには，「赤ペンで欄外の余白に書き込む」というルールを設けます。欄外のスペースでは足りないときは，裏面を使います。

　赤ペンにすることで，他者からの学びが可視化され，対話すること，交流することのよさの実感につながっていきます。もちろん，「赤ペンで書かれていることがある」ということは，自分の考えが深まったということだという価値付けや評価も大切です。

⑥学習活動「まとめ・振り返り」

　「今日はこんなことを学びましたね」と言いながら，黒板に枠囲みでまとめらしきものを書き（しかも，それは，すべての子が得た思いや考えではない場合もあります），「それでは，授業の振り返りを書きましょう」と指示を出します。すると，多くの子の振り返りは，黒板に書かれている意見やまとめをただなぞるだけのものになってしまいがちです。しかし，それでは，一人一人の子どもがこの授業とどう向き合ったのかが子ども自身も意識されませんし，指導者自身も授業の評価ができません。

　そう考えると「板書しない」選択肢もありますが，クラスにはいろいろな

子どもがいます。板書されていることが思考をサポートする場合もあります。

　では，どうしたらよいか。4つの手立てをとります。

　1つ目は，「振り返りは，まとめではない」と子どもたちに伝えることです。ワークシートのところでも述べましたが，振り返りは，子どもたちが自分なりの視点で振り返った方が，より自分ごととしての学びになります。

　2つ目は，直接内容項目に関わる授業のまとめは，これもワークシートのところで述べましたが，テーマとして書くようにします。ただし，内容項目をズバリ書くのではなく，自分なりの言葉で表すようにします。

　3つ目は，できるだけ授業のまとめを板書しないように心がけます。授業のまとめを板書することが一般的という考え方もあるかもしれませんが，前述のように板書することのデメリットもあります。授業のまとめがなくても，子どもたちにそれが伝わったり，考えたりする授業を目指すようにします。

　4つ目は，授業のまとめとして，「こんなことを学びました」というまとめではなく，「発信型まとめ」をします。

　「発信型まとめ」は，授業を通して学んだことや，考えたことを発信する形でまとめることです。3章の授業例の中でもいくつか紹介しますが，例えば，「成功の名言からいろいろ考えた授業だったので，最後は，今日の授業で思ったことや考えたことを生かして，自分なりの成功の名言をつくってみましょう」というまとめにするのです。そうすることで，授業から学んだことがより自分ごとになります。

　ただ，毎回「発信型まとめ」をするのではなく，教材や子どもたちの様子から柔軟に考えて，まとめにおいても効果的な学習活動を考えていきます。

⑦授業例③の授業構成としての「パッケージング」

　ここからは，ステップ2〜ステップ5で取り上げた授業例③の授業構成としてのパッケージングです。

　同じ資料が再度出てきますが，断片的だった各ステップの「考え，選択し，決めた」ことがどうパッケージングされたのかを次頁から紹介していきます。

授業開始と同時にワークシートを配付し，何も説明せず，一般的に「正義のヒーロー」と言われているようなキャラクターや，人たちの画像を提示します（掲載省略）。ただし，アンパンマンをあえて出さないようにします。

> この写真の人やキャラクターは，どういった人たちの集まりですか？

子どもたちは，知っていたり，見たことがあるキャラクターですが，「どういった人たちの集まりですか？」という問いには少し戸惑いを示します。

> 隣の人と対話してみましょう。

C「このキャラクター，知ってる？」
C「うん。知ってる。アニメの人たちじゃないかと思うんだけど。」
C「そうだよね，それかもね。」

【学習活動】　解説1

視覚情報をクイズのように問う導入で，子どもたちを授業にしっかり引き付けるようにします。「説明をせずに」というところも大事なポイントです。説明をせずに提示するから，子どもたちは，「何だろう」という思いをもって，資料に目が行くのです。

【学習活動】　解説2

導入時なので，授業にソフトランディングするために，そして，主発問でもないので，個人で思考する時間をとらずに，ペアでの対話に入ります。「それならすぐに全体交流でもよいのでは？」という考えもあるかもしれません。でも，ここは，ペアでの対話をしなければならないと考えています。

なぜ「しなければならない」とまで考えるのかというと，導入段階で，可能な限り子どもたち全員が授業に向かってほしいからなのです。視覚

情報の提示だけでは，全員が授業に向かうことはきっと難しいはずです。そこで，導入の視覚資料について話をしなければならない場をつくり，ペアの対話をすることで，どの子も，この授業に向かうことを期待するのです。

少しの時間，ペアで対話をした後，全体で，どんな対話をしたかを紹介してもらいます。正解が出なければ，次のヒントを出します。

この人たちは，「○○のヒーロー」として集めました。○○にはどんな言葉が入ると思いますか？

ここはすぐに全体で発表してもらいながら確認します。
答えが出なければ，こちらから答えを出します。

正義のヒーロー

C「あーなるほど。そっか。」
C「正義のヒーローなら，他にもいそうだね。」
T「今日は，この『正義のヒーロー』から，『正義』について考えていきます。」
T「『正義のヒーロー』といえば，もう1人，外せないキャラクターがありませんか？」
C「アンパンマンじゃない？」

　子どもたちの中では，「正義のヒーロー」といえば，「アンパンマン」です。おそらくすぐに出てくるはずです。「アンパンマン」が出たところで，黒板に「アンパンマン」の絵を掲示します。

　そして，次の発問が大事です。この発問があることで，やなせたかしさんの言葉（p.71）が子どもたちの思考をより揺さぶります。

> どうしてアンパンマンは,「正義のヒーロー」なのですか?

C「バイキンマンをやっつけるから。」
C「友達のことをバイキンマンの悪さから守るから。」

> 「正義」って, 何?と聞かれたら, みんなはどう答えますか?

T「『正義』とは……という書き出しで書いてみましょう。」
　「正義のヒーロー」を導入で提示したことと, アンパンマンが正義のヒーローである理由を問うことで, 一般的な「正義」に対するイメージを子どもたちに印象付けています。子どもたちは, すぐに書き出します。時間がたったところで, ペアで対話をします。

> 隣の人と対話してみましょう。

C「私は, 正義とは, よくないことをダメと言ったり, 注意したりすること, と書いたよ。」
C「そうだよね。そんな感じになるよね。ぼくは, 悪い人をやっつけながら, 正しいことをする……かなと思ったよ。」
　ペアでの対話の後, 全体でも, 数人の考えを聞きます。

【学習活動】　📖✎解説3

　この場面では, 多様な考えに出合うことを必要としません。そして, おそらく子どもたちの考え自体も, それほど多様なものにはならないはずです。ペアで対話をすることで, 自分の思いを言語化しながら, 自分の考えを見つめ直します。

次の展開に移ります。
T「アンパンマンの作者は，何という人か知っていますか？」
C「えーと，誰だったかなぁ。」
T「今はもうお亡くなりになってしまいましたが，やなせたかしさんと言います。」
T「アンパンマンの作者のやなせたかしさんは，正義のことをこんなふうにおっしゃっています。」

やなせたかしさん

> 正義って相手を倒すことじゃないんですよ。アンパンマンもバイキンマンを殺したりしないでしょ。だってバイキンマンにはバイキンマンなりの正義を持っているかも知れないから。
>
> （「NEWSポストセブン2011年5月3日付」より）

子どもたちは，「なるほど」と思いながらも，「バイキンマンなりの正義」という言葉に出合い，戸惑います。子どもたちの反応を少し見ます。
C「バイキンマンなりの正義って，どういうことなのかな……。」
C「バイキンマンにも言い分とか，理由があるってことかな。」

【学習活動】　📖解説4

　子どもたちが印象的な資料に出合うと，自然と言葉が出てきます。その状態のときには，すぐに発問等に移らずに，子どもたちに時間を少し委ねます。沈黙の時間になるので指導者としては不安な場面になります。しかし，この時間があることで，子どもたちが思い思いに資料と向き合ったり，自然と出てきた子どものつぶやきから次の展開に移ったりすることができます。こうした学習の積み重ねは，子どもたちの主体的に取り組む姿につながっていくと考えています。道徳の授業から道徳の学習への一歩です。

T「突然だけれど，桃太郎って，どんな話でしたか？」

　大まかなストーリーを確認した後，

T「桃太郎は，何のために鬼を退治にしに行きましたか？」

　ここは，あまり時間をかけずに，全体でやりとりをします。

C「おじいちゃんやおばあちゃんのため？」

C「村を守るために。」

T「そういうことなら，これまでの授業の流れからも，『正義』のために行くと言ってもいいですか？」

C「うん。そうだよね。」

　そこで，1枚のポスターを掲示します。

文字や絵が小さいので，解説をします。

T「『ボクのおとうさんは，桃太郎というやつに殺されました。』と書かれています。これはどういうことですか？」

C「桃太郎は，正義でやったことかもしれないけど，誰かのことを傷つけてしまったってこと？」

今，「正義」って，何？と聞かれたら，みんなはどう答えますか？

T「1回目と同じように，『正義』とは……という書き出しで書いてみましょう。」

　1回目とは違い，多くの子たちの鉛筆はすぐには動きません。子どもたちの思考が揺さぶられているからです。

　そこで，次のような言葉がけをします。

・簡単に答えられないということは，深く考えている証拠。だから安心して，授業に臨んでほしい。

・それでも考えていく……ということを大切にしてほしい。

・1回目と同じでもかまわないし，付け加えてもかまわない。

隣の人と対話してみましょう。

T「書けなかったペアがいたら，『どうして書けなかったんだろう』とか，
1回目と変わらなかったペアがいたら，『それはどうして？』と聞きなが
ら対話してほしいです。対話をする中で，思いつくことができたら書いて
おきましょう。」

C「私は，やなせさんの言葉と，泣いている子どもの赤鬼の言葉ですごく迷
った。悪いことをやめさせることって，簡単に思っていたけれど，よくわ
からなくなったよ。」

C「『正義』って，その人にとって，よくないことをやめさせようとするこ
となのかな。みんなにとって……とは言えないってことだよね。」

ここでも，ペアでの対話の後，全体で，数人の考えを聞きます。

【学習活動】　📖解説5

この場面では，「正義」の定義付けを書けることがもちろんゴールで
はないので，個人で考える時間は短めにし，対話の時間を多くとるよう
にします。「なかなか書けなかった」ことや，それでもなんとか書いた
ことを共有します。そのため，対話の前に，方向付けをします。

【学習活動】　📖解説6

ペアでの課題（テーマ）と，全体での課題（テーマ）が同じだと，
「全体でも，同じテーマで話し合い（対話）をするの？」と思う子が出
てきますし，ペアやグループで対話したことをもう一度全体でも話さな
ければならないことで学習意欲が下がってしまう場合があります。

道徳の授業から，道徳の学習へ……ということを意識しています。そ

のため，指導者が指示したから対話するという形ではなく，子どもたち
が「対話をしたい」と思える「発問や課題，場」を大切にしたいと考え
ています。ただ，一方で，指導者が意図的に対話の場をつくり，子ども
たちが経験を積み重ねていくことも大切です。

　この場面の発問は，ペアでの対話が積み重ねられている学級であれば，
自然と対話が発生する発問でしょうし，他のペアではどんなことが話さ
れていたのかは，気になるはずです。そして，同じように「正義とは何
だろう」と悩んでいる人たちが他にもいることを知ることは価値がある
と考えています。そのため，ここでは，ペアと全体の発問をあえて同じ
にしています。

T「やなせさんは，実は，こんな言葉も言っています。」

やなせたかしさん

正義って，普通の人が行うものなんです。偉い人や
強い人だけが行うものではない。普通の人が目の前
で溺れる子どもを見て思わず助けるために河に飛び
込んでしまうような行為をいうのです。

（「NEWSポストセブン2011年5月3日付」より）

　1枚のイラストを提示します。

　「真ん中の人が席を詰めずに座っていて，
電車のマナーを守っていない。まわりの
2人の大人も，戸惑っている」という状
況を確認します。

　そして，2つの発問をします。

①バイキンマンなりの正義があったように，こうした面でも，席を詰め
　ずに座っている人なりの正義はあるのでしょうか？
②やなせさんは，「正義」って，普通の人が行うものと言っていました

> が，みんななら，こうした場面で，正義を行えますか？

まずは，それぞれの発問に対して，挙手をしてもらいます。
①**正義はある／正義はない／わからない・悩み中**
②**正義を行える／正義は行えない／わからない・悩み中**
　それぞれの人数を確認した後に，今度はグループで，この2つの発問での対話をします。2つの発問の時間配分はグループに委ね，対話にあてる時間だけを伝えます。

【学習活動】　📖✏解説7

　例えば，グループの中で，席を詰めずに座っている人には正義なんてないという子が多いと，正義があると思っていた子は，「そうなのかなぁ」と思ってしまいます。でも，最初に挙手して，考えの分布を共有したのは，同じ思いや考えをもっている人がいることを知り，グループの中でも，安心感をもって自分の意見が言えるのでは？と考えたからです。
　また，この場では可能な限り多様な思いや考えと出合う中で対話をしてほしいので，グループの場を選択します。

【学習活動】　📖✏解説8

　限られた時間の中で，ペアやグループで対話をするので，時間のマネージメントは，どうしても指導者がしてしまいます。仕方がない側面もありますが，自分たちで時間をマネージメントすることも，主体的な学びに向けての一歩だと考えています。
　この場面では，2つの発問の対話時間の配分をグループに委ねることにしています。子どもたちが上手に時間をマネージメントできなくても，「委ねられている」と子どもたちが受け取ることに意味があります。とは言え，1つの発問にすべての時間をとられてしまうことも考えられるので，グループでの対話の後は，全体でも交流をします。

全体での交流は，2つの発問を1つずつ取り上げていきます。それほど長い時間をとることができませんが，子どもたちは，友達の意見の一つ一つを，自分の思いや考えと比べながら聞いています。

【席を詰めずに座る人なりの正義はあるのか】

C「これはマナーのことだから，正義なんてないと思う。」

C「何か嫌なことがあって，だからあんなことをしてしまったのかも。」

C「そうだとしても，それは『席を詰めずに座る人なりの正義』とは言わないよ。」

C「じゃ，その人なりの『正義』がいつもあるとは限らないってこと？」

C「本当に，席を詰めずに座る人なりの『正義』ってないのかな。」

【正義を行えるか】

C「ぼくは行えない。相手が大人だから，子どもが行うべきじゃないよ。」

C「私は，大人とか，子どもとか，関係ないと思うけれど，でも，自分は，怖いから行えないな。」

C「自分は，座ろうと思っている人がいたら困ると思うから，がんばって注意したい。」

> 　今，「正義」って，何？と聞かれたら，みんなはどう答えますか？

T「2回目と同じように，『正義』とは……という書き出しで書いてみましょう。」

　2回目と同じように，多くの子たちの鉛筆はすぐに動きません。ここでも子どもたちの思考が揺さぶられているからです。

　ここでは対話の時間はとりません。自分自身と対話する時間にします。

　最後に，やなせたかしさんの言葉を紹介します。

ほんとうの正義というものは，けっしてかっこうのいいものではないし，そして，そのためにかならず自分も深く傷つくものです。

（やなせたかし／作・絵『あんぱんまん』フレーベル館，1976年）

やなせたかしさん

T「今日の学習を振り返って，自分なりの思いや考え，学びを言葉にしましょう。書き終わったら，コメントリレーをしていきます。」

コメントリレーは，2章⑤の「ノート・ワークシート」（p.64）で提案しているものです。

> 今日は，「正義」についていろいろ考えた。自分が最初に考えていたことに対して，どんどん自信がなくなっていった。わからなくなったけれど，「正義」は，簡単には言えないってことはわかった。「バイキンマンなりの正義」なんて考えたことがなかった。

次頁のワークシートは，この授業で実際に書かれたものです。

道徳リレーシート

月　　　日

名前

テーマ

「正義」についていろいろな角度から考える。

自分の思い／考え

「正義」とは、悪者をやっつけたりする（ヒーロー）こと。

自分としては、悪いことをしている人に注意すること。

「正義」とは、自分だけで判断できないこと。

だれかのことを傷つけてしまうこともあるかもしれないこと。

↓

「正義」とは難しい。でも、やっぱりだれかがめいわくだったり、

いやなことをされているなら注意できることが「正義」だと思う。

↓

私も難しいなーと思ったよ。（　　　）は注意できるということを

書いているけど、私は自信がないなーー。

↓

そうだね。私もどうしたらいいか困る場面があるかもしれないなーと思

った。みんな最後は、どう思ったんだろう？

振り返り

すごくまよったり、なやんだ。「正義」ってよく聞いたり、

使ったりするけど、難しいんだと思った。「バイキンマンの正義」は、

すごくなっとくした。

78

03

子どもが本気で
思考するための
「自主教材」と「学習活動」
―7つの授業例と解説で考える―

授業例④　成功とは？

（A希望と勇気，努力と強い意志）

授業解説❗

👆 自主教材開発

　子どもたちの生活の中で，よく出てくる言葉の一つに，「成功」という言葉があります。しかし，子どもたちの「成功」についての理解は，「成功＝努力による勝者」というような一面的なものが多いです。

　そこで，名言づくりを通して「成功＝努力による勝者」という見方を揺さぶるために，自作資料を用意し，「成功」について子どもが多面的・多角的に理解し，自分を勇気付けていける授業を行いました。

👆 学習活動

　授業の導入時は，クイズ形式をとって，関心を引き付けながら，子どもたちが名言に注目するようにしました。授業の終わりには，一般的な「まとめ・振り返り」をせず，「発信型まとめ」をします。この時間で考えたことを生かして，「自分なりの成功に関する名言」をつくります。自分やまわりの友達を勇気付けるためにというように，相手意識をもった名言づくりにしました。

👆 アウトライン

　メインターゲットの内容項目は，成功につながる努力の仕方や，在り方を取り上げたので，Aの「希望と勇気，努力と強い意志」です。対象は「高学年／学級」で，45分間の授業です。

授業開始と同時に，何も言わずに名言を提示します。

　　○○するための最も確かな方法は，常にもう一度だけ挑戦してみることだ。

穴埋めを見た瞬間，子どもたちの意欲が一気に高まります。

T 「○○にはどんな言葉が入りますか？」

答えをつぶやく子もいますが，まだ自信をもって言えるほどではありません。もう一つの名言も提示します。

　　○○の秘訣？　それは大きな見通しがもてるかどうかだ。

子どもたちが少しずつ自信をもち始めたところで，子どもたちからも予想を出してもらい，答え合わせをします。

> 　　○○に入る言葉は，成功です。

前者はエジソン。後者がビル・ゲイツの名言であることと，2人の略歴や写真も紹介します。それぞれの名言について思うことを，導入時なので，ペアで対話します。

C 「エジソンの名言は，なるほどと思ったよ。つまり挑戦し続けるということだものね。」

C 「ビル・ゲイツさんの見通しは，少し難しいけれど，わかる気がする。」

T 「今日は，名言を通して，成功について考える時間にします。」

> 　　成功は，○○次第

黒板に掲示（板書）します。

T「○○にはどんな言葉が入りますか？」

　今度は，すぐに自信をもってつぶやき始めます。

　おそらく同じような意見が出るので，すぐに全体で確認します。

　・努力

　・やる気

　子どもたちにとって，「成功は，努力／やる気次第」というのは，「当たり前」の理解です。板書して，次の発問に移ります。

T「自分たちが最近成功だと思ったことは，どんなことですか？」

　子どもたちから出た成功は，次の４つでした。

　・学習発表会　　　・調理実習

　・理科の実験　　　・家庭学習の効果

　次に，この４つの成功は，自分たちで完成させた「成功は，努力／やる気次第」の名言通りなのかを全体の場で確認します。

　どれも，子どもたちは，この名言通り，「努力したから／やる気があったから」成功したと判断しました。

　そこで，自作の資料①を配付し，読み上げます。

【資料①】

　　Aさんはサッカー少年団に入っています。Jリーガーを目指し，毎日欠かさず練習をして，レギュラーになり，大事な試合で大活躍。中学校からはJリーグチームの下部組織に入りました。

C「成功している。」
C「この時点では成功している。」
T「この成功も，みんなが考えた『成功は，努力／やる気次第』ですか？」
C「これも，『努力したから／やる気があったから』成功したと思う。」
　自作資料②を配付し，子どもたちの思考を揺さぶります。

【資料②】

　Bさんはサッカー少年団に入っています。Jリーガーを目指し，毎日欠かさず一生懸命練習をして，上手になりました。でも，チームメートの人数が多かったこともあり，なかなかレギュラーになれず，公式戦には，あまり出場できませんでした。中学校では，サッカーをやめてしまいました。

Bさんは，成功していると言えますか？

C「成功していない。」
C「この時点では成功していない。」
　そして，また，子どもたちが完成させた前述の名言を出し，確認します。

Bさんが成功していないというのであれば，Bさんには，努力もやる気も足りなかったということですか？

　子どもたちは，Bさんは，努力もやる気も，もち合わせていたので，単純に「成功は，努力／やる気次第」とは言えないことに気づきます。

T 「なぜBさんは，成功しなかったのか。ワークシートに自分の考えを書い
　てから，グループで対話をしましょう。」
C 「努力はしていたけれど，すっごく上手くはならなかったのかな。」
C 「他の少年団だったら，レギュラーになって，もしかしたら，その後もサ
　ッカーを続けていたかもしれないよね。」
　全体でも，対話の内容を共有します。そして，その対話をもとに，もう一
度，次の名言を完成させます。

　Bさんにとって，「成功は，○○次第」という名言を考えたとき，○
○にはどんな言葉が入りますか？

　ワークシートに，その言葉と選んだ理由を書き，それをもとに，またグル
ープで対話をします。子どもたちは悩みます。

・運　　　・運命
・実力　　・まわり

　言葉が見つかっても，しっくりきません。子どもたちは，努力の大切さを
わかっているからです。
　ここでも，作ったばかりの名言を使って，子どもたちの思考を揺さぶりま
す。
T 「Aさんのように，がんばって成功した人にとっても，『成功は運次第』
　と言えますか？」
　子どもたちは，戸惑いながら「そうか。それは言えないよね」「うーん。
成功って難しいな」とつぶやきます。そこで，子どもたちから出ていた「こ
の時点では，成功している／成功していない」という発言を取り上げました。
T 「なぜ『この時点』と付け加えたのですか？」
　クラス全体での対話が始まりました。

C 「Aさんは，Jリーグの下部組織には入れたけど，それでJリーガーになれるわけじゃないから。」

C 「Bさんも，Jリーガーになれないかもしれないけど，また別の夢みたいなものが見つかるかもしれないから。」

　この対話を受けて，海外のサッカーリーグで活躍している長友選手（大学時代はベンチ外が多かったこと）や，大リーグで活躍した上原投手（野球部を一度引退していること）を写真つきで紹介します。

　最後に，スポーツ振興くじ toto の理念広報 TV-CM「最後の試合」（ずっと補欠だったバスケットボール選手が部活をやめる話）の中のメッセージを紹介します。

> 　その挫折が，その悔しさが，その痛みが，いつか彼を強くする。

　最後に，「発信型まとめ」として，アウトプットをします。

T 「今日考えたことを生かしながら，振り返りながら，対話をしながら，自分や友達を勇気付ける成功名言をつくってみましょう。ワークシートの振り返りのところに書きます。」

T 「書けたら立ち上がって，お互いの名言を交流しましょう。」

> ・成功は，あきらめないで続けることが秘訣。
>
> ・成功のために，努力は大切だ。でも，上手くいかないときもある。ドンマイドンマイ！
>
> ・成功は，ずっと後でわかるもの。今すぐは判断できないものだよ。
>
> ・成功に向かって努力をすれば，必ず何かプラスになる。

（Ｂ相互理解，寛容）

授業解説❗

👉 自主教材開発

　障害児者や妊婦さんを理解したり，サポートしたりするためのマークがたくさんあります。それは，便利な一方で，「マーク」があるからこその問題があったり，「マーク」だけを見て，その「人」を見ないということがあったりしています。理解するとはどういうことなのか，そして，理解するということだけではなく，「助ける／助けてもらう」という行為についても，振り返る授業です。

👉 学習活動

　授業の中で，３つのマークを取り上げます。その３つのマークに対して，同じ発問を繰り返します。そうすることで，「マーク」や「相互理解」に対する自分の思考の変化や揺さぶられ方を実感できるようにしています。また，対話が中心の学習活動を組み立て，最後は，子どもたちの中に問いを残して終わるような学習活動にしています。

👉 アウトライン

　メインターゲットの内容項目は，Ｂの「相互理解，寛容」ですが，相手のことを気遣うことも考えるので，同じＢの「親切，思いやり」も視野に入れています。対象は，「高学年／学級」ですが，出産経験のある先生が学年にいれば，学年で行うのもよいでしょう。45分間の授業です。

授業開始と同時に，次の画像を提示します。

> このマークを知っていますか？

子どもたちの中には，知っている子もいれば知らない子もいますが，詳細な説明はしません。名前だけを伝え，このマークから受け取る情報で，まずは考えてもらいます。

T「マタニティマークと言います。」

（厚生労働省 HP より）

> このマークは「誰」のために，「何」のためにありますか？

ペアで，少し対話をした後，全体で確認をします。

C「妊婦さんが電車の中とかで助けてもらうため。」

　見た目ではわからない妊婦さんがいるから必要であること。電車の中だけではなく，たばこの煙を避けるためにもあることなどを補足説明します。

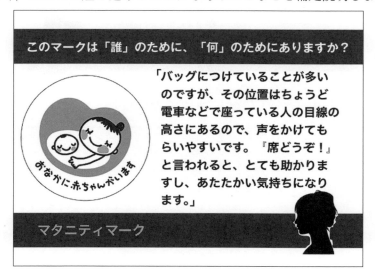

妊婦さんのエピソードを紹介します。エピソードは，一般的な情報をもとに，自作したものです。

　もう一度同じ発問をします。

> このマークは「誰」のために，「何」のためにありますか？

　先ほど，妊婦さんと答えていた子どもたちは，一瞬戸惑います。スライドの下線に注目するようにすると，子どもたちは，「あ！」と反応します。

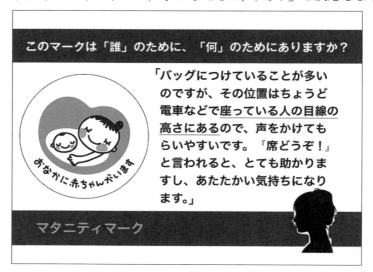

このマークは「誰」のために、「何」のためにありますか？

「バッグにつけていることが多いのですが、その位置はちょうど電車などで座っている人の目線の高さにあるので、声をかけてもらいやすいです。『席どうぞ！』と言われると、とても助かりますし、あたたかい気持ちになります。」

あなかに赤ちゃんがいます

マタニティマーク

C「サポートしようとしている人たちのためにもあるということだね。」

> このマークは，私たちの社会にあってよかったと思えるものですか？

　子どもたちは，「よかったと思えるもの」と答えます。子どもたちの中には，この答えに対して，少し疑問をもつ子もいるかもしれませんが，そうだとしても，どちらかというと「よかったと思えるもの」であるはずです。

（東京都福祉保健局 HP より）

このマークを知っていますか？

マタニティマークと違って，多くの子どもたちは
知りません。
　ペアで予想してみます。
C「きっとこれも困っている人のマークだよね。」
C「ハートがあるから，心に関係があるのかな。」
T「ヘルプマークと言います。」

このマークは「誰」のために，「何」のためにありますか？

東京都福祉保健局で作っているヘルプマークの動画を視聴します。

C「外見じゃわからない病気や障害などで困ったときに，助けてもらうため
　にあるんだね。」

　　マタニティマークのように，ヘルプマークも，サポートしようとして
　いる人たちのためにもあると言えますか？

　　子どもたちは，すぐに「言える！」と答えます。
　　そこで，子どもたちの思考を揺さぶります。
T「では，このマークを見たら，どんなサポートをすればいいですか？」
C「電車だったら席を譲る。」
T「それ以外の場面だったらどうですか？」
C「え……。」
T「実は，こんなサポートも必要なのです。」
T「そして，ヘルプマークの片面には，このように，その人に必要なサポー
　ト内容が書かれていることもあります。」

（東京都福祉保健局 HP より）

90

T「サポートする側にとって，マタニティマークとの違いはあるのでしょうか？」

　この発問を子どもたちの心に残し，少し時間をあけてから，次の資料を提示します。

　実際にヘルプマークを利用することによって得られた配慮では，「公共交通機関で席を譲ってもらいやすくなった」という声が94％です。

　しかし，ヘルプマークを知っている半数の人のうち利用経験のある人は22％に留まり，認知されているものの利用されていない状況が浮かび上がりました。

　また，ヘルプマークを知っているが，ヘルプマークを利用したくない人の理由は，「利用時の周囲の反応が気になるから」が最も高いです。

（「ヘルプマークの認知度・利用状況に関する調査」（障がい者総合研究所，2017年）より一部抜粋）

> ## このマークは，私たちの社会にあってよかったと思えるものですか？

　ここは，ペアでじっくり対話をします。

　多様な考えに出合うよりも，この事実と自分の思いに向き合うことを優先したいので，ペアでの対話を選択します。

　子どもたちは，マタニティマークとヘルプマークを比べて，そして，関連した資料を提示されることによって，マークをつけていれば，当事者も，サポートする側もよいという問題ではないことに気が付いていきます。なかなか言葉が出てこない対話になります。

C「もちろんあっていいものだと思う。でも，なんかスッキリしないなぁ。マークだけに頼ってはいけないんじゃないかなぁ。」

C「そうだね。もっとヘルプマークが当たり前になればいいのかな。」

　全体で対話の内容を少し共有した後，飯山智史さんとマゼンタ・スターの

写真（あるいはスライド）を提示します。

T「この方は，飯山智史さんと言います。」

T「当事者の方の2つの思い。

　①『頼みにくい』『断られたらどうしよう』

　②自分の状況を表明したくない。

　　サポートする側の1つの思い。

　③協力したいけれど，声を出す勇気がでない。

　　気恥ずかしさがある。

という思いを受け止めて，飯山さんは，協力者の方がカミングアウトするといいのではないかと考え，マークを考えました。名前を『マゼンタ・スター』と言います。」

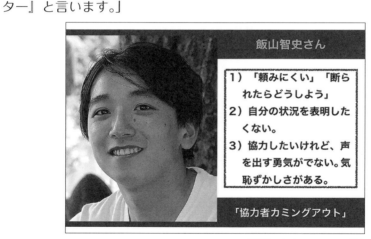

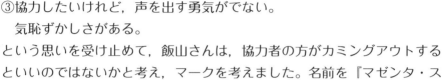

（写真：タウンニュース社）

　「マゼンタ・スター」はいろいろな思いが込められています。例えば，テーマ・カラーは，「SDGs」（持続可能な開発目標）10の色である「マゼンタ・ピンク」。目標10は「人や国の不平等をなくそう」という意味があります（詳細は，「EMPOWER Project」HP 参照）。

> このマークは，私たちの社会にあってよかったと思えるものですか？

　ここも，じっくりペアで対話をします。

C「もちろん，これもあっていいものだと思うし，サポートする側がマークをつけるって，いいことだと思う。」

C「そうだね。でも，何でもマークにするのは，本当にいいのかなとだんだん思ってきたよ。」

C「マークって，便利だけれど，いろいろ考えることがあるんだね。」

　この授業では，ペアで対話した内容を全体で共有することは，ほぼなしで進めます。繰り返しになりますが，多様な考えに出合うよりも，ペアの相手とじっくり対話する中で，自分の思いと向き合うことを優先させたいからです。

　最後に，次のスライドを声に出さず，映し出すだけにして，子どもたちに余韻をもたせた問いを残して，授業を終えます。

```
相手を
理解したり，
助けたり，
自分のことを
理解してもらったり，
助けてもらったり，
そのために，大事なことは，必要なことは，
何なのだろう……？
```

T「今日の授業の振り返りを書きましょう。」

授業例⑥　あなたは，どう乗りますか？

（C勤労，公共の精神）

授業解説❶

🔖 自主教材開発

　ある新聞記事を目にしました。エスカレーターに関する関東在住の女性の方からの投稿記事でした。関東圏では，エスカレーターは左側に立つのが習慣となっています。しかし，その方の夫は，障害があり，右側に立つことしかできません。それなのに，後方の人にひどいことをされてしまったという内容でした。エスカレーターの乗り方について，多面的・多角的に考えることで，公共の場所における子どもたちの視点や思考を揺さぶる教材を開発しました。

🔖 学習活動

　あえて資料が多い授業をつくりました。その資料から自分の思いと向き合うことを大切にした学習活動にしています。そのため，対話の場は多くありません。学習活動は対話をベースにして考えていきますが，あえて対話の場面を少なくするということも必要な場合があります。

🔖 アウトライン

　エスカレーターは公共性の高い乗り物なので，Cの「勤労，公共の精神」がメインターゲットですが，Bの「相互理解，寛容」にもつながる授業です。対象は，「高学年／学級」。45分間の授業ですが，書く時間もしっかり保障する場合は，60分（あるいは30分×2など）は必要です。

1枚の写真を提示します。

（「フリー写真素材　フォトック」より）

Ｔ「みなさんは，エスカレーターに乗るとき，どのように乗りますか？」
Ｃ「立って乗る。」
Ｃ「急いでいたら，歩くよ。」

　右側，左側の意見が出なければ，続けて次のように発問します。

Ｔ「立って乗るときは，右側ですか？　左側ですか？」
Ｃ「え？　どういう意味？」

　エスカレーターは，一般的に，関西圏（大阪を中心に）では，右側に立ち，それ以外では，左側に立つと言われています。この状況を知っている子もいるかもしれませんし，「どちらかに寄って立つことをやめよう」という流れがあることをも知っている子もいるかもしれません。どちらの発言も受け止めておきます。

Ｔ「おそらくほとんどの人は，どちらかの側に立っていると思います。」
Ｔ「真ん中に立っている人は見たことがないはずです。」
Ｃ「うん。そうだ！」

次の写真を見せます。

それぞれのエスカレーターが自分の前にあった場合，どのように乗り
ますか？

いつも立っている側と反対の側だとしても，あるいは，「どちらかに寄っ
て立つことをやめよう」という流れがあることを知っていても，子どもたち

は，次のように答えるはずです。

C 「並んでいる人の後ろについて乗る。」

T 「それはどうしてですか？」

C 「後ろから来る人の邪魔になるから。」

　まわりに合わせることを優先する自分たちを意識させます。

　そして，この絵を見せ，状況を説明します。

①ある親子がエスカレーターに乗っていました。

②すると後ろから，男の人が強い口調で「どきなさい！　真ん中に立つんじゃない！」母親はびっくりして謝っていましたが……。

この親子は間違っていますか？

C 「間違っていない！」

T 「では，怒った男の人が間違っているということですか？」

C 「間違っているよ。確かエスカレーターは，歩いたらダメだと聞いたことがあるよ。それに，子どもがいるから仕方がないよ。」

T「でも，さっきはみんな，後ろから来る人の邪魔になるからと言っていま
　したよ。」
C「私は，男の人の言い方が間違っていると思う。」
T「言い方の問題だとしたら，言い方さえやさしくすれば，男の人の行動は
　間違ってはいないということですか？」
　導入時と同じように，全体の中で授業を進めていき，子どもたちの思考を
揺さぶっていきます。子どもたちの表情が困惑してきます。

　「親子は間違っていない」と思うのに，すっきりしない人がいるのは
なぜでしょう？

　「親子は間違っていないと思うのに，なぜすっきりしないのか」ということ
とを考えさせたいとき，子どもたちの中に，「自分はすっきりしている」と
言う子がいる場合があります。そのようなときは，「親子は間違っていない
と思うのに，なぜすっきりしないのか」という発問ではなく，「親子は間違
っていないと思うのに，すっきりしない人がいるのはなぜでしょう」という
発問に変えるのです。そうすることで，どの子にも考えさせることができま
す。
　ここでは，ペアで対話をします。しかし，なかなか言葉が出てきません。
C「うーん。とにかく親子は間違っていないよね。」
C「うん。間違っていない。私は，男の人が間違っていると思う。」
C「だけど，男の人のように歩く人はたくさんいるよね。」
C「そうだね。きまりというか，ルールがあればいいのかな……。」
T「エスカレーターは，歩かずに，両側に乗ることがマナーとして，推奨さ
　れています。」
T「どうしてこうした乗り方が推奨されていると思いますか？」
　安全のためであること（歩行による事故を防ぐため）は，子どもたちがす
ぐに思いつきます。もう一つ，片側に立つよりも，両側で立った方が一度に

乗れる人数が倍になるので，「輸送量を増やすため」という意図もあることを伝えます。子どもたちは，「そういうこともあるのか」と気づきます。

　そこで，次のようなイラストを提示し，次のように問います。

　　あなたが通学や通勤で急いでいるときに，イラストのような状態でエスカレーターに立っている人をどう思いますか？

　道徳の授業では，「自分ごととして考える」ことが大切だと考えられ，そのために，「もしあなたが〇〇だったらどうしますか？」という発問をすることがよくあります。

　ただ，こうした発問には批判があります。「その人（たち）が置かれている状況などが子どもたちとは違うのに，もし自分だったら……と考えることには無理がある」というものです。確かにそういう側面はあるので，「もしあなたが〇〇だったら……」と発問をすることには，慎重であるべきです。

　しかし，私は，あえて「もし自分だったら……」という形の発問をし，子どもたちが思考する場面をつくることがあります。

理由が2つあります。

①子どもたちから距離があることをあえて考えることで，子どもたちの
　視野や思考が広がったり，深まったりしていく。身近な問題ばかりで
　考えていると，それが難しい。
②身近な問題が自分たちに近すぎると，本音を出しづらい。逆に，自分
　から距離がある場面だからこそ，自分の本音が出やすいことがある。

　朝のラッシュ時の説明（片側を空け，空いている部分を急いで歩いていく
人が多い）を加えて，1人だけ反対側に立っている人について考えていきま
す。
　ペアで対話をします。
C「しょうがないよね。」
C「もし歩こうと思っている人がいたら，邪魔になると思うけれど。」
C「でも，あの人は，マナーを守っているだけだよね？」
　エスカレーターは歩かずに両側に乗ることがマナーだということを知って
いる以上，子どもたちの本音が出づらくなります。
　そこで，新たな資料を2つ提示します。

　　片側空けという知恵によって，休みたい人と急ぎたい人の使い分けが
できる。「自分に合った使い方ができる」は優れた道具の条件である。
（中略）エスカレーターを歩いて上る人は手すりにつかまらないから危
険だというならば，手すりをつかんで歩けばいいということだ。
（杉山淳一「エスカレーター『片側空け』は本当に危険なのか」「東洋経済オンライン2019年2
月19日付」より）

子どもたちは，思考が揺さぶられるので，戸惑います。

そこで，最後にもう一つ資料を提示します。

（公益社団法人東京都理学療法士協会HPより）

　　イラストは，右側に一人だけ立っていましたが，もしかしたらその人は左側に障害があり，右手で手すりにつかまるしかない人だとしたら…。私たちは，エスカレーターにどのように乗ればよいのでしょうか。どんなことを考えながら乗るとよいのでしょうか？

　ペアで対話をする時間をとりますが，子どもたちは，あまり言葉にならないかもしれません。しかし，振り返りの時間も多めにとって，自分が考えたこと，感じたことを少しでも言葉にできるようにします。

（D生命の尊さ）

授業解説❶

🐾 自主教材開発

　法律の整備などがあり，動物の殺処分数はかなり減ってきています。しかし，減ってきているからよいという問題ではありません。そこに気づかせるために，具体的な殺処分の現実がわかる絵本を読み聞かせます。ただ，「動物を大切にする」という思いだけでは，殺処分数を減らすことが難しい現実があります。そのため，様々な対策が練られてきて，効果を上げています。しかし，最終的には，目の前の命を慈しむことがやはり大切なのではないかという思いに，子どもたちがたどり着けるような教材を開発しました。

🐾 学習活動

　主発問では，立場の違いを明確にしながら議論するだけではなく，立ち上がって，自分と同じ立場や，違う立場の人を自分の意志で選び，対話するという学習活動です。たまたま居合わせているペアやグループではないメンバーで交流することも，必要だと考えています。

🐾 アウトライン

　メインターゲットは，Dの「生命の尊さ」で，「自然愛護」も関わってきます。対象は，高学年。読み聞かせをするので，学級が望ましいです。15分（１冊目の読み聞かせまで）と，残りの45分で，60分間の授業です。

授業が始まってすぐ板書します（あるいはスライドを映します）。

> 78円

Ｔ「78円でどんなことができますか？　ペアで話をしてみましょう。」
Ｃ「安いものなら買い物ができるよね。」
Ｃ「私なら貯金をするかな。」
　全体でも意見を少し共有します。
Ｔ「今日考える，78円でできることのヒントはこれです。」
　絵本の表紙を見せます。

　子どもたちは軽い感じで，78円の使い方を
予想していましたが，表紙にある「命」とい
う言葉を見て，教室の雰囲気が変わります。
Ｔ「どういう意味だと思いますか？　ペアで
　話をしてみましょう。」
Ｃ「78円で猫が買えるってことかな？」
Ｃ「猫を売るときに，78円でしか売れないと
　いうことかな？」
　ここも全体で意見を少し共有します。

（谷山千華作『78円の命』
メタ・ブレーン，2016年）

　答えを言わずに，子どもたちを集めて絵本を読み聞かせます。

　絵本は，当時小学6年生だった谷山千華さんが2012年に書いた作文を
元にしています。猫の殺処分についての現実を小学生の素直な感性で描
いた作品です。主人公の女の子は，保健所に連れられていった捨て猫が
生んだ子猫がどのように殺処分されるか，そして，その費用が78円とい
う事実を知ります。殺処分される猫を通して，女の子は命について考え
ていきます。　　　　　　　　（「78円の命プロジェクト」株式会社ワンモア）

読み聞かせが終わった後，78円の命の意味がわかった子どもたちは，神妙な表情をしています。

Ｔ「猫は，年間でどのぐらい殺処分されていると思いますか？」

　絵本の中では，動物が年間で20万匹も殺処分されていると書かれていたので，それを覚えている子は，大きな数を予想します。しかし，多くの子の予想は，実際の数とかなりかけ離れた少ない数になります。

　実際の殺処分数をグラフとともに提示します。

30757（2018年４月〜2019年３月の１年間）

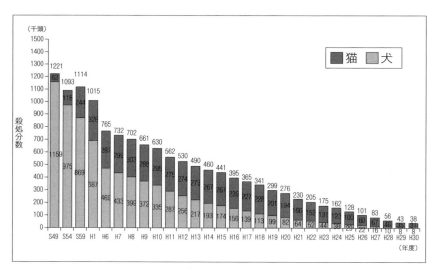

出典：環境省自然環境局「犬・猫の引取り及び負傷動物等の収容状況」
（http：//www.env.go.jp/nature/dobutsu/aigo/2_data/statistics/dog-cat.html）

　子どもたちは，その数に驚きます。グラフを提示し，これでもかなり殺処分数が減ってきていることを知ると，さらに驚きます。猫は繁殖力が高いため，子猫の引き取りが多く，殺処分が犬よりも多いことなどを説明します。

> 減ってきているからといってよいという問題でしょうか？

C 「そんなことはない。」
T 「それはどうしてですか？」
C 「減ってきていることは，いいことだけれど，一つ一つが命だから。」
C 「殺処分される猫にも親がいるから。」
C 「たとえ１匹だとしても，あんなふうに殺されるのはよくないと思う。」

> では，殺処分数を減らすためにはどうしたらよいでしょうか？

T 「考えたことをワークシートに書いておきましょう。なかなか思いつかない人は，近くの人と相談してもいいです。」
　少し時間をとった後，全体でもいくつかの意見を共有します。
C 「飼うんだったら，最後まで責任をもって飼うようにする。」
C 「飼う前に，いろんなことを考えて，飼うか飼わないかを決める。」
　ここで，子どもたちの思考を揺さぶります。

> 今みんなが考えたことは，これまで考えられていなかったことだと思いますか？　大人や専門家が考えてこなかったことだと思いますか？

T 「ワークシートに書いた自分の考えのところに，きっと今まで考えられてきたことだなと思うものには，×。そうでないものには，〇をつけましょう。どっちかなと思うことには，グループのみんなから意見をもらって判断することもいいかもしれません。」
　子どもたちが考えたものの多くは，「×」がつくはずです。
　もちろん「〇」をつけている子もいるでしょうが，その考えをもとに話し合いをすることが目的ではありません。全体で，「×」をつけたものが多い

ことを確認します。

　そして，次の言葉を提示します。

　さくらねこ

Ｔ「どんな猫だと思いますか？」

Ｃ「桜色の猫？」

Ｃ「桜の模様が入っている猫？」

　写真を提示します。

Ｔ「これがさくらねこです。」

　子どもたちから「あっ！」という声が上がります。

Ｔ「気づきましたか？　耳が桜の形になっている猫のことを言います。」

Ｔ「なぜさくらねこは，耳が桜の形になっているのでしょうか？」

ここまでくると，子どもたちは，自然と対話をし始めます。

Ｔ「ペアで対話をしましょう。」

Ｃ「えー，なんだろう。生まれつき？　そうじゃないよね？」

Ｃ「わざと切られているような気もするな。」

　ペアの対話が終わった後，次の資料を提示します。

　「さくらねこ」とは，不妊手術済みのしるしに，耳先をさくらの花びらの形にカットしたねこの事です。この耳のことを，さくら耳といいます。全身麻酔がかけられているので，猫は痛くありません。

（公益財団法人どうぶつ基金ＨＰ「さくらねこ無料不妊手術」より）

　不妊手術についての補足説明をした後，もちろんこれは，子猫の殺処分数を減らすためであること。手術の重複（猫への負担や費用の問題）を避けるためであることを確認します。

　さくらねこは，今いる野良猫への対策ですが，これから人の手に渡る猫への対策も出てきています。資料を提示します。

　犬や猫などにマイクロチップ（直径約２ミリ，長さ12ミリ前後の円筒形）を体内に埋め込む。マイクロチップには個体識別番号があり，飼い主の情報などが書き込まれていて，身元証明になる。迷子や災害，盗難の際も，飼い主を見つけることができる。犬や猫などを育てて，売る業者には義務化。

出典：環境省自然環境局「マイクロチップはペットとあなたを結ぶ絆です」（http：//www.env.go.jp/nature/dobutsu/aigo/2_data/pamph/h2412a.html）

T「なくなっていくと思う人は，○。なくならないと思う人は×。判断が難
　しい。迷っている人は△。自分の立場が決まったら，黒板にネームカード
　を貼りに来て，その後理由をワークシートに書きましょう。」

　「立場が決まる→理由を書き終える→ネームカードを貼りに来る」ではな
くて，「立場が決まる→ネームカードを貼りに来る→理由を書き終える」に
しています。ここには大きな配慮の違いがあります。

　それは，「理由まで書き終えなければ，ネームカードが貼れない」という
流れだと，そこまでに時間がかかってしまう子や，立場は表明できても，理
由がなかなか書けない子は，いつまでたってもネームカードが貼れない状況
が生まれてくる可能性があります。教室には様々な子がいるのです。

　もちろんすべての子に対応することは難しいですが，可能な限り，教室に
いる子たちが安心して，議論する場に臨める工夫があるとよいです。

　全員の子どもたちが黒板の「○／△／×」のところに，ネームカードを貼
った段階で，次のような指示を出します。

　まだ理由が書けていない人は，対話の中で伝えてください。理由がな
かなか思いつかない人は，対話の中で，思いついたり，納得する理由と
出合えたりするようにしましょう。

　それでは，交流をします。立ち上がって，ネームカードを参考にしな
がら，自分と同じ立場の人と対話をして理由の違いについて考えたり，
違う立場の人と対話をして，自分の考えを見つめ直したりしましょう。
相手を変えたり，2人ではなく，3人や4人で対話をしてもかまいませ
ん。よいと思った考えは，赤ペンでワークシートに付け加えます。

C「私は，こうした方法が続いていけば，なくなると思う。だっていろんな

人たちが努力や工夫をしているもん。」

C「そうかもしれないけど，捨ててしまう人は，どんな対策をしても捨ててしまう気もするんだよ。だから，ぼくは×だよ。」

C「本当は，こういう対策に頼らないで，命を大切にする方がいいと思うんだ。だから迷ってる。」

しばらく交流した後，自分の考えを変えた子や，自分の考えがぐらついた子の意見を中心に，全体でも少し交流します。

最後に，次の絵本を読み聞かせます。

商店街で暮らす1ぴきの野良猫は，八百屋や書店，パン屋などの猫が持つ「名前」に憧れている。お寺の猫に「自分で名前をつければ」と言われ，名前を探すことに。野良猫が見つけた「ほんとうに欲しかったもの」とは？

（『なまえのないねこ』竹下文子／文，町田尚子／絵，小峰書店，2019年）

絵本の中で，野良猫が「ほしかったのは，なまえじゃないんだ」と言います。子どもたちに，欲しかったのは，何でしょうと問い，読み進めます。欲しかったのは，「なまえを　よんでくれる　ひとなんだ」ということがわかったとき，子どもたちの表情が変わります。

最後まで読み終えた後，もう一度次の発問をして，授業を終えます。

> 殺処分数を減らすためにはどうしたらよいでしょうか？

子どもたちは，このテーマで，授業の振り返りを書きます。

授業例⑧　ワークシートで主体的に学ぶ
―「手品師」―

（A正直，誠実）

授業解説❶

✊ 自主教材開発

　教科書教材の読み物資料は，1つのお話として完結したものが多く，そのため，子どもたちが本気で思考したり，主体的に取り組んだりすることが難しいです。そこで，2つのことを意識した教材を開発しました。
　①結末がわかっていても，思考が生まれる発問
　②その発問をあえて掲載しておき，子どもたちが見通しをもって取り組めるワークシートのフォーマット

✊ 学習活動

　ワークシートを使った学習活動というだけではなく，「このワークシートを使えば，他の教科書教材の授業でも自分たちで進めていける」という見通しがもてるようにするための学習活動です。また，この学習活動を積み重ねていくことで，違う教材でも，基本的にはペアやグループの対話だけで授業を進められるようにしていきます。

✊ アウトライン

　「手品師」の内容項目は，Aの「正直，誠実」と言われていますが，子どもたちが対話する中で，他の内容項目（例えば，Bの「友情，信頼」）の話題も出てきます。対象は「高学年／学級」で，45分間の授業です。

> 　今日の授業は，他の読み物資料でも，自分たちで同じように進められるために経験してもらう授業でもあります。そんなことも考えながら，取り組んでください。

　教科書の読み物資料である「手品師」を教師が範読します。

T「隣のペアで，登場人物の確認と，感想について対話をしましょう。」

　感想を対話する場合は，グループではなく，隣の席のペアがよいです。相手の思いをじっくり聞き合ったり，わからない部分を確認したりする時間にします。

C「どう思った？」

C「手品師はいい人だなと思った。○○は？」

C「私もそう思ったけれど，手品師はすごく悩んだと思うよ。」

C「そうだよね。」

　ペアでの対話の後，全体で，登場人物が次の３人であることを整理します。

> ・手品師　　　・男の子　　　・友人

　次頁にあるワークシートを配付します。

「手品師」という資料が伝えている大切さと難しさは何でしょう？

　ワークシートに自分の考えを書きます。

　子どもたちは，教材文から「大切さ」というプラスの価値には気づきやすいですが，「難しさ」というマイナスの価値には気づきにくいのです。その視点で考えさせることで，子どもたちの中に，「ズレ＝本気で思考するきっかけ」を生じさせます。

道徳リレーシート ver. 読み物資料

月　　　日　名前＿＿＿＿＿＿＿＿＿＿

No, □

A

の大切さ	の難しさ

B

登場人物			
得たもの			
失ったもの			

C

新たな登場人物を入れるとしたら・・・	
その理由	

D

《振り返り》

Aの「大切さ」のところでは，「約束を守ることの大切さ」と多くの子が思いつきます。しかし，「難しさ」のところでは，少し戸惑い，考え込む子が出てきます。こんな質問も出てきます。

C「大切さと難しさは，同じ言葉が入ってもいいですか？」

　「手品師」であれば，「約束を守ることの大切さ」とも書けるし，「約束を守ることの難しさ」とも書くことができます。そのため，こうした思いに対しては，肯定的に受け止め，もちろんそれでもよいことを伝えます。

　ただ，「違う言葉でも考えてみようとすることで，思考が深まる」ことも伝えます。大事な指示です。

　可能な限り，多様な考えに出合うために，グループでの対話に移ります。

> 　よく考えても書けていなかったら，対話をする中で，自分の考えをもつようにしましょう。

T「対話をしている中で，自分の意見に書き加えたいことがあれば，赤ペンで書き加えておくと，学びの様子が自分でもわかりますね。」

　「大切さ」に入る言葉を考え，友達と対話することで，子どもたちは，この教材の内容項目である「誠実さ」について気づいたり，理解したりします。

　さらに「難しさ」についても考えることで，「誠実さ」を多面的に考えるようにします。

C「難しさのところは，何て書いた？」

C「期待に応えることの難しさと書いたよ。」

C「どういうこと？」

C「せっかく友人が声をかけてくれたのに，その期待に応えられなかったからね。」

C「なるほど。私は自分の夢を叶えることの難しさと書いたよ。」

C「確かに手品師にとって，夢は大きいもんね。」

　どの子も一度は対話したところで，全体でも，どんな言葉を入れたか，い

くつか共有します。

登場人物の得たものと失ったものは何でしょう？

　例えば，「もし手品師が男の子との約束より，劇場に出演することを優先したら，その決断についてどう思うか？」というような発問をして，子どもたちの価値観や思考を揺さぶるやり方もあります。

　しかし，まずは「もし〜だったら」という仮定の中ではなく，描かれていることの中で考えていくことを基本にします。全体（＝教材文）から「大切さ・難しさ」を考えたので，次に，部分（＝登場人物）の中にあるプラスとマイナスの価値について考えます。4人以上の登場人物がいる読み物資料の場合は，全体やグループで，どの3人にするかを決めます。

　ワークシートのBの表を使って，「手品師／男の子／友人」が「得たもの／失ったもの」をワークシートに書き込む時間をとります。子どもたちは，「手品師」の空欄をすぐに埋めることができますが，「男の子」や「友人」の空欄は，なかなか埋めることができません。子どもたちは，「手品師」の視点で教材文を読み，考えてきたからです。そこで，視点を変えて考えさせることで，子どもたちの思考を揺さぶります。

本当に得たものや失ったものがないのか。グループで検討しましょう。

　空欄を埋めるために，グループで対話をします。

　グループは，ペアよりも多くの視点があり，すぐに対話しながら検討できる場だからです。

C「手品師が得たものは，『男の子からの信頼』でいいよね？」

C「友人の失ったもの，ちょっとわかってきたよ。劇場の人の信頼を失ったかもしれないよね？」

C「そっか。前日なのに手品師が見つかっていないものね。」

C「だとしたら，マイナスがあるのは，手品師だけじゃないね。」

C「確かにその可能性はあるけど，誰か他に代わりの手品師が見つかったかもしれないよ。」

C「そっか。得たものはどう？」

C「夢よりも約束を大事にする友達というのはどう？」

　このようなグループでの気づきを，必要に応じて，全体でも共有しながら，対話の時間を十分にとります。子どもたちの対話の内容は，「誠実」について話されている状態ですが，あらためて，各グループの対話の中で出てきたことをもとに，「誠実」という言葉を出して，次の3点で整理，確認します。

> ・手品師の決断は，男の子に対して誠実に接したからこそのものだった。
>
> ・誠実ではあったけれど，マイナスのこともあった。
>
> ・誠実に行動するということは，本人だけの問題ではなく，まわりの人たちも関係している。

　授業のまとめは，「発信型まとめ」として，「手品師」に新たな登場人物を加えるとしたら，どんな人物を加えたいか。その理由は何か。この2つをワークシートのCに書きます。

　新たな登場人物を加えるまとめは，子どもたちは楽しんで取り組むことができます。例えば「新たな登場人物：手品師の兄弟　理由：手品師の兄弟に，約束を果たせない理由と，今日は手品を見せることはできないけれど，明日は見せられることを男の子へ伝えてもらうため」と書いてあれば，「誠実に接することの大切さを理解している」ことがわかります。

　ここまで，たっぷりとグループで対話をしたので，この場面では，書いたものを交流せずに，Dの部分に他のグループの友達から，自分の考えに対して，コメントを入れてもらう交流をします。

(1)ワークシートのCに，新たな登場人物とその理由を書き込みます。

(2)書き終えたら立ち上がり，同じく立ち上がった人と，ワークシートを交換します。

(3)交換したワークシートのCを読み，そのワークシートのDに，コメントを書きます。

(4)コメントを書き終えたら，また立ち上がり，同じように立ち上がっている人と，ワークシートを交換して，また(3)からの流れをリレーのように繰り返します。

(5)Dのコメント欄が2つとも埋まったら，ワークシートの持ち主に戻します。

(6)自分のところにワークシートが戻ってきたら，友達からのコメントを参考にしながら，ワークシートに書いてきたことを振り返り，《振り返り》のところに書きます。

少し長い流れになっているので，事前に黒板や模造紙に可視化しておくとよいです。時間差にも対応しているので，待ち時間があまりなく振り返りまで書けるようにしています。

ただ，じっくり自分の考えを書いた子は，友達からのコメントや，最後の振り返りまでいかない場合があります。その際は，違う時間を使って，コメントや振り返りを書いてもらうことも想定しておきます。

今回，紹介した授業の流れや学習活動，ワークシートは，他の読み物資料でも使えるフォーマットになっています。継続して取り組めば，子どもたちは見通しをもつことができるので，グループにすべてを委ねて，1単位時間を進めることもできます。例えば「ブランコ乗りとピエロ」では，どんなことの大切さや，難しさを考えるでしょうか。登場人物の得たもの，失ったものは何でしょうか。と，考えていくのです。

道徳リレーシート ver. 読み物資料

月　　　日　名前　＿＿＿＿＿＿＿＿＿＿＿

No, ☐

A

← 信頼

どんな相手にも 約束をまもること の大切さ	夢をかなえること の難しさ

B

登場人物	手品師	男の子	友人
得たもの	男の子からの 信らい	手品師との きずな	夢より約束を 大事にする友人 ←？
失ったもの	夢をかなえる チャンス	ない？ (大切な人の チャンス)	げき場の 人からの信らい

C

新たな登場人物を入れるとしたら・・・	手品師の兄弟
その理由	手品師の兄弟にあの男の子へ約束をまもれ ない理由を伝えてげき場に行ってほしいから。

D

《振り返り》
手品師にとっては、夢も
約束もどっちも大切なので
とてもまようこと。でもげき
場に行ったとしてもせめられないな。

私はこの日は、げき場に行って
次の日に男の子に見せればと
思った。

私は、男の子も、げき場につれて
行くというのもどうかなと思う。

（D感動，畏敬の念）

授業解説❶

自主教材開発

　北海道の堀裕嗣先生が，教科書教材と自主教材を組み合わせる（コラボレーションする）授業を提案されています。授業例⑨は，その提案に沿って，教科書教材である「青の洞門」と自主教材を組み合わせたものです。何年もかけて，了海が完成させた「青の洞門」と，同じように時間をかけて，シュヴァルが完成させた「シュヴァルの理想宮」。この2つの教材を比べていく授業を開発しました。

学習活動

　対話場面は，スケールを使った学習活動にしています。スケールは互いの思考を可視化して，対話をしやすくします。また，同じスケールを繰り返し使うという展開にもすることで，自分の思考を客観的に振り返ったり，思考の変化が見やすくなったりします。

アウトライン

　「青の洞門」の内容項目は，Dの「よりよく生きる喜び」で，授業が進められることもありますが，今回は，「感動，畏敬の念」をメインターゲットにしています。また，シュヴァルの理想宮も取り上げていることで，例えばAの「希望と勇気，努力と強い意志」についても考える授業内容になっています。対象は，「高学年／学級」。45分の授業です。

【「青の洞門」のあらすじ】

> 　過去に人の命を奪うという大きな罪を犯してしまった了海。その罪を償うために，たくさんの命を奪ってきた難所「くさりどわたし」の岩をくり抜き，道をつくることを決意します。しかし，そんなことは絶対に無理だと考えている村人は誰も協力してくれません。それでも，了海は諦めずに，１人で堀り続けます。その姿に，心を動かされる村人も出始めます。了海が掘り始めてから18年がたった時，父の仇を討つために，了海を20年間探し続けてきた実之助が現れます。しかし，実之助は，やせ衰えている了海の姿を見て，洞門を開通させようとする了海の思いを知り，開通するその時まで，父の仇討ちを待つだけではなく，了海を手伝うことにします。そして，村人とともに２人で岩を掘り続けて１年６か月後，洞門が開通します。実之助は，仇討ちをせず，身を削ってまで多くの命を救いたいという了海の美しい心に感動し，涙を流します。

教師が範読をした後，起承転結に分けて，あらすじを全体で確認します。

> 起＝了海が自身の罪を償うために，村人のために岩をくり抜くことを決心。しかし，誰も，了海を助けようとはしない。
>
> 承＝身を削りながら，諦めずに，作業を続ける了海に村人の賛同者が出てくる。
>
> 転＝父の仇を討とうとしていた実之助が現れるが，了海の姿や思いに触れることで，仇討ちを思いとどまり，一緒に作業をすることになる。
>
> 結＝洞門が完成し，実之助の心が変わり，２人は手を取り合う。

T 「『おどろきと感激の心で，胸がいっぱいになった』という文を見つけてください。」

T 「誰の言葉ですか？」

C 「実之助です。」

　下記のようなスケールが４つと，それぞれのスケールに理由を書くスペー
スがあるワークシートを配ります。
T 「自分の思いに近いところに○印をつけて，理由も書きましょう。」

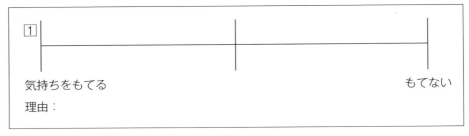

　しばらく時間をとり，ペアで対話をします。
　本来なら多様な考えに出合わせたいので，グループでの交流が望ましいの
ですが，今回は，このような対話を４回行います。そう考えると，時間がか
かってしまうグループ交流よりも，ペアでの対話を選択せざるを得ません。
限られた時間，回数の中で，どんな対話を選択するのかも，子どもたちが本
気で思考するための学習活動で考えなければならないことです。
　今回は，多様な考えに出合うよりも，ペアで対話をしながら，自分の思い
の変化について見つめることに重点を置きます。
T 「ペアで，お互いのスケールを見せて，どうしてそこに○をつけたのか。
　理由を説明しながら，対話をしましょう。」
C 「私は，『もてない』に近いところに○をつけたよ。やっぱりどんなにい
　いことをしたとしても，やったことの罪は消えないんじゃないかと思った
　からだよ。」

C「じゃ，どうして完全に『もてない』のところにしなかったの？」

C「20年も父親の仇を討とうとしていた実之助が感激の心をもてたということ
　は，やっぱり大きなことを成し遂げたのかな……と迷っている部分かな。」

C「ぼくは，真ん中。確かにしてしまったことは大きなことだけれど，これ
　だけのことを，自分の体のことも考えないで，やったことはすごいと思う
　から。」

C「なるほどね。私たちは違ったけれど，『もてる』に近い人は，クラスの
　中にいるかなぁ。」

　次に，写真を提示します。

T 「フランスにある石でできた宮殿です。これから，何枚か写真を見せます。
　　どのようにしてつくったのか，想像しながら見ていってください。」

　ここでは２枚の写真しか紹介していませんが，実際の授業では，もう数枚
提示するとよいかもしれません。

　シュヴァルの写真を提示して，建物の説明をします。

（ジョゼフ・フェルディナ
ン・シュヴァル／ウィキペ
ディアより）

> 　この建物は，「シュヴァルの理想宮」と呼ば
> れています。フランスにあります。そして，こ
> れをつくったのがシュヴァルです。実は，この
> 理想宮，彼１人がつくったのです。でも，建設
> を始めたのは43歳。郵便配達員であり，石工，
> 建築の知識はなく，こつこつと33年もかけて理
> 想宮をつくりました。

T 「了海の洞門とシュヴァルの理想宮との共通点はどこでしょうか？」
C 「こつこつと長い間取り組んで完成させたところ。」
C 「なんとか最後までやり遂げたいという思いの強さ。」

　シュヴァルがつくった理想宮に対して，「おどろきと感激の心で，胸
がいっぱいになった」という気持ちをもてますか？

T 「自分の思いに近いところに○印をつけて，理由も書きましょう。」

```
┌─────────────────────────────────────────────────────────────┐
│ ②    ├────────────────────────┼────────────────────────┤     │
│                                                               │
│ 気持ちをもてる                                      もてない   │
│ 理由:                                                         │
└─────────────────────────────────────────────────────────────┘
```

　しばらく時間をとってから，ペアで対話をしますが，今回の対話では，了海のときのスケールと比べながら，対話をします。ただ，ペアで対話に入る前にモデルを示します。

T「『了海のときは，ここに○をつけていたけれど，シュヴァルでは，ここに○をつけたよ。理由は……』というように対話をしましょう。」

C「私は，了海のときは，『もてない』というところの近くに○をつけたけれど，シュヴァルは，『もてる』ところに○をつけたよ。だって，シュヴァルは，罪もなく，純粋にこつこつと自力でやれたからすごいと思うよ。」

C「うーん。確かにそうだね。でも，一つ気になるのが，シュヴァルは趣味っていうか，やりたいことだったけど，了海は，人のためだったよね。だから，迷って，真ん中にしたよ。」

　時間があれば，ペアでどんな対話をしていたのかを全体で交流してもよいですが，ここは，ペアで対話した後，次の資料を提示します。

┌───┐
│　村の住人たちは，1人で奇怪な建築をつくり続   │
│ける彼を馬鹿よばわり。郵便局長からも行動を問   │
│いただされたものの，シュヴァルがその趣味に情   │
│熱を燃やすのをやめることはありませんでした。   │
│村の住人から変人扱いされながらも，シュヴァル   │
│は，理想宮を完成させました。   │
└───┘

T 「了海の洞門とシュヴァルの理想宮との相違点はどこでしょうか？」

C 「村人の協力を得られたこと。」

　相違点が出たところで，もう一度同じ発問をします。

　　シュヴァルがつくった理想宮に対して，「おどろきと感激の心で，胸がいっぱいになった」という気持ちをもてますか？

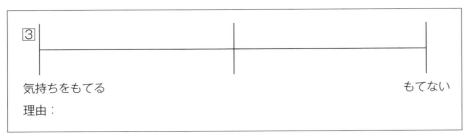

C 「そっか。村人の協力か。そう考えると，了海のしたことも，見方が少し変わるかな。了海のやった罪は大きいけれどね。」

C 「村人に協力してもらったことは，確かに大きなことだけれど，でも，逆に，シュヴァルは協力がない中で，自分でやり遂げたことはすごいと，あらためて思えるよ。」

　様々な視点が出てきて，子どもたちの思考が揺さぶられます。

　最後に，「青の洞門」の原作となっている菊池寛の『恩讐の彼方に』の中の言葉を紹介します。

　　一年に十人を救えば，十年には百人，百年，千年と経つうちには，千万の人の命を救うことができると思ったのである。

　そして，一番最初の発問をもう一度します。

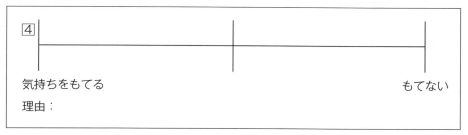

　　あなたがこの場にいたとしたら，了海たちが成し遂げたことに対して
実之助と同じように，「おどろきと感激の心で，胸がいっぱいになった」
という気持ちをもてますか？

T「自分の思いに近いところに○印をつけて，理由も書きましょう。」

```
4
　気持ちをもてる                                                もてない
　理由：
```

　しばらく時間をとり，ペアで対話をします。ここでも，これまでのスケー
ルと比べながら，交流をするように伝えます。

C「簡単に答えられなくなったな。了海の成し遂げたことは，村人の協力を
　もらっているし，そして，村人が喜んで，実之助もそれでよかったと思っ
　ていることを考えると，難しくなってきた。」

C「そうだね。本当にいろんな見方が出てきて，迷ったけど，私は，『もて
　ない』から『もてる』に近くなったよ。」

　　最後に，振り返りを書いて，授業を終えます。

　　了海のことだけを考えていたら，あんまり悩んだり，考えたりしなか
ったと思うけれど，シュヴァルさんのことを知り，とても悩んだ。まわ
りの人たちから認められたということは，大事なことだとも思ったし，
でも，シュヴァルさんのように，こつこつと1人で取り組んだ生き方も
すごいなと思った。今日の授業は，友達と自分の考えがちがうところも
おもしろかった。

　学習活動を工夫して，揺さぶる
— 「なわとびカード」（光村図書・1年）—

（A正直，誠実）

授業解説❶

👆 自主教材開発

　この授業は，自主教材の部分は全くありません。純粋に教科書の読み物資料の授業ですが，これまで蓄積してきた「自主教材」の開発と「学習活動」の工夫を生かした授業です。「自主教材」の開発と「学習活動」を重視した授業づくりは，教科書教材の授業づくりに影響を与えていることを伝えるための授業例です。

👆 学習活動

　1年生は，自分の気持ちを伝えたくてしょうがない年代。そして，聞いてもらえてうれしい年代。だからこそ，ペアでの対話を通して，どの子も対話の楽しさを積み重ねていくことを大切にした学習活動にしています。また，1年生は，上学年に向けて，「対話的な学び」の基礎をつくる大切な時期です。「対話」のモデルを繰り返し示して，楽しさだけではなく，「対話的な学び」に向けての経験として積み重ねていきます。

👆 アウトライン

　「なわとびカード」の内容項目は，Aの「正直，誠実」です。低学年なので，関連する内容項目については考えずに，この内容項目に焦点をあてて授業をつくります。1年生なので，学級単位で授業をします。45分間の授業です。

【「なわとびカード」のあらすじ】

> 　子どもたちみんなになわとびカードが配られています。カードは，級ごとに技と回数が示され，合格するとシールがもらえます。主人公の「わたし」は，6級に挑戦しますが，失敗してしまいます。でも，回数を数えていた友達のともみさんは，「おまけしてあげるよ。だって，ほとんど合格だもん」と言います。「わたし」は一瞬うれしかったけれど，7級に合格したときのシールが貼られているカードを見て，もう一度，6級に挑戦することにしました。

　まず，教材の題名を提示します。

Ｔ　「なわとびカード，クラスのみんなも使っていたよね。なわとびカードがあってよかったなと思うことや，思い出がありますか。」

　なわとびカードを使ったことがなければ，音読カードで同じように問います（音読カードは，おそらくどの教室でも使っているはずです。「なわとびカードは使ったことがないけれど，音読カードは使っていたよね。」）

　教科書教材を主教材として使うときは，題名から考えていくと，子どもたちに学習の構えができていきます。さっそくここで対話を取り入れます。

---

　(1)お隣さんと話をするので，体を向かい合わせましょう。

　(2)右側の人から話をします。

　(3)なわとびカードがあってよかったと思うことを伝えます。

　(4)左側の人が話をします。

　(5)お隣さんの考えをわかることがゴールです。

　(6)お話を聞いて，「うんうん」とか，「そうなんだね」と反応できると，もっとステキな1年生になれますね。

この場面では，対話ではなく，全体の場で発表し合う展開も考えられますが，全体でなければならないこともありません。それならば，このように，対話の場をどんどん取り入れていきます。そして，導入時は，できるだけていねいに細かいところまで伝えていきます。

　体を向かい合わせるときに，椅子も向かい合わせた方がしっかりと体を向かい合わせられますが，その分時間がかかってしまいます。ウォーミングアップのような対話では，気軽にどんどん対話をしていくことが大切です。椅子はそのままにして体だけ向かい合わせ，時間をかけて対話をするような場面では，椅子も向かい合わせます。

　また，必要に応じて，対話を始める前に，実際に子どもたち同士や，子どもと先生が対話をして見せます。

　対話の時間が終わったら，つい次の学習展開に移ってしまいますが，<u>対話を取り入れ始めた時期には，対話の様子を振り返ったり，価値付けたりすることも必要です。</u>

Ｃ「なわとびカードがあったから，ぼくはがんばれたよ。」

Ｃ「カードは，シールがたまってうれしかったから，宝物だよ。」

　なわとびカードに対して，多くの子がプラスのイメージをもっています。ただし，そうではない子もいることを想定しておくことが大切です。

Ｔ「これから先生が『なわとびカード』を読みます。みんなも一緒に目で読んでくださいね。」

　教材文は，範読をします。低学年であれば，一度に全文を読まずに，途中で何度か止めながら，内容を確認していきます。この教材は，ページごとに，３度止めるとよいです。

---

①なわとびカードの説明　　②登場人物と状況確認
③「わたし」の言ったこと，したことの意味

　まず，「わたし」がとった行動について考えます。

「わたし」がしたことはよいことですか？

C 「よいこと！」

　子どもたちは，導入でなわとびカードについて，大切なものだと考えているからこそ，「わたし」のしたこと（ごまかさなかったこと）はよいことだと考えるはずです。

　この発問では，対話をせず，全体で確認をするだけにします。対話をしても，お互い「よいことだよね」と伝え合って，終わってしまうからです。対話の量を増やすことは大切ですが，どんな場面でも……というわけではありません。対話することで，多様な考えに出合えることが前提です。

　そして，「よいこと！」という声に紛れて，迷っている子や「よくないこと」と思っている子がいないかを確認します。

　「よくないこと」と思っている子には，何か理由があるのです。その思いに寄り添い，その理由（本音）を引き出して，全体に返すと，クラス全体の学びにもつながることがあります。

　その理由も問います。

どうしてそれはよいことですか？

　ここは，少し意見が分かれるところです。全体交流の前に，前述した流れで対話をします。

C 「ごまかそうとしなかったから。」

C 「ちゃんとやろうとしたから。」

C 「正直にやろうとしているから。」

　全体でも，上記のような主な考えを共有します。

次に，「わたし」がしようとしたこと（一瞬ごまかそうとしたこと）を問います。

> 「わたし」がしようとしたことはよいことですか？

C「よくないこと！」

理由は，問いません。「わたし」がしたことはよいことですか？と聞いたときの理由と，同じ視点になるからです。「ごまかそうとしなかった→ごまかそうとしたから」というようにです。

そこで，子どもたちに揺さぶりをかけます。

> もし，「わたし」がみんなだったら，ごまかそうとする気持ちはありませんか？

「ごまかそうとしませんか？」ではなく，「ごまかそうとする気持ちはありませんか？」と問うことがポイントです。

子どもたちがもうすでによくないと思っている行為で，揺さぶるのではなく，そういう思いをもつ自分の心と向き合うことが大切だからです。このように揺さぶると，迷う子がきっと出てきます。1年生なら当然の迷いです。

迷う子が出てきて，それを誰かが表明してくれると，「迷ってもいいんだ」という安心感が生まれます。他の子たちの中にも，迷う子が出てきます。ただし，迷う子が出てくることを期待していますが，大げさにそれを取り上げてしまわないことです。そうすると，逆に，自分の思いとは別に，迷う方向に流れてしまう可能性があるのが1年生です。淡々と，迷う子を受け容れることが大切です。

そして子どもたちに，次の尺度から，今の自分の気持ちに一番近いものを選んでもらいます。

「ごまかそうとする気持ち」
　1…ぜんぜんありません
　2…すこしあります
　3…たくさんあります

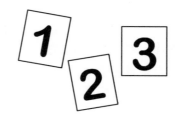

　ノートやワークシートに数字を書くだけでもよいですが，できれば1から
3までの数字のカードを3枚，ペアに渡し，対話を始めます。
　カードが対話の場にあることで，ズレが可視化され，より対話に向き合う
ことができます。

---

(1)自分の気持ちに一番近い数字を選びます。

(2)その数字を選んだ理由を考えます。

(3)お隣さんと対話をします。

(4)椅子を向かい合わせます。

(5)右側の人が，配られたカードから自分が選んだ数字のカードをとって，
　　その理由を伝えます。

(6)左側の人が同じように伝えます。

(7)対話のゴールは，お隣さんは，自分の選んだ番号と同じかどうか。そ
　　して，どんな理由だったのかがわかることです。

　ここは主発問なので，時間をかけた対話にします。そのため，椅子も向か
い合わせます。
　また，最初のペアでの対話が終わった後，クラスの実態によっては，カー
ドを移動させて，前後の席のペアでも対話をします。そうすることで，より
多様な考え，思いに出合わせていきます。
C　「わたしは，2番だよ。やっぱりシールをたくさんもらいたいからだよ。
　　シールがいっぱいあったら自慢できるから。」

C「ぼくは，やっぱり1番。なん
　かあのままシールをもらった
　ら，ドキドキして，変な気持ち
　になるからだよ。」
　より多様な考えに出合うという
意味から，この場面では，全体で
も，もう一度同じ発問でしっかり
交流します。
　最後に，もう一つ発問をします。

　「わたし」がもう一度跳んでみたときに，跳べなかったら，「わたし」
はどうしたらよいと思いますか？

　ここも，ペアの対話から全体交流へと進めます。
C「ごまかしたいと思うかもしれないけど，合格するまでがんばった方がい
　いと思う。」
　対話を通して，多様な考えに出合ったからこそ，**「合格するまでがんばっ
た方がいい」**だけではなく，**「ごまかしたい気持ちもあるかもしれないけれ
ど」**という，子どもたちの本当の思いに沿った考えが付け加えられていきま
す。多面的・多角的に考えることにもつながっていくことです。これからの
道徳で大切な視点です。

参考文献

　授業で直接提示したり，使用したりした資料の引用元については，授業例の中に掲載してあります。

　授業例①④⑧⑩は，以下の雑誌が初出になります。

授業例①「友達の数〜本当の友達とは？」

（初出：『小六教育技術』2017年10月号，小学館）

授業例④「成功とは？」

（初出：『小六教育技術』2018年1月号，小学館）

授業例⑧「ワークシートで主体的に学ぶ〜『手品師』」

（初出：『小六教育技術』2018年10月号，小学館）

授業例⑩「教科書教材を学習活動で変える〜『なわとびカード』」

（初出：『小一・小二教育技術』2019年10月号，小学館）

　また，もう手に入らないものもありますが，これまでの道徳の授業づくりで，たくさん学ばせていただいた主な書籍を参考文献として挙げておきます。

『子どもが本気になる道徳授業12選』（深澤久編著，明治図書，1991年）

『道徳授業原論』（深澤久著，日本標準，2004年）

『「道徳」授業をどう変えるか』（宇佐美寛著，明治図書，2005年）

『道徳授業づくり上達10の技法』（鈴木健二著，日本標準，2008年）

『とっておきの道徳授業シリーズ　小学校編』（佐藤幸司編著，日本標準）

『とっておきの道徳授業シリーズ　中学校編』（桃﨑剛寿編著，日本標準）

『スペシャリスト直伝！小学校道徳授業成功の極意』（佐藤幸司著，明治図書，2014年）

『スペシャリスト直伝！中学校道徳授業成功の極意』（桃﨑剛寿著，明治図書，2016年）

あとがき

　ボクが住む北海道には，道徳の授業づくりと真摯に向き合う仲間たちがいます。一緒に学び合っている場では，1日に16本の模擬授業を受けたり，ボク自身が1日に4本の模擬授業をさせてもらったりすることがあります。まわりから見れば，「大変そう……」と思われるかもしれません。でも，ボクは，前向きな気持ちで学ぶことができています。なぜなら，道徳の授業は，授業者が「世界をどう見ているのか」ということが伝わってくるからです。自主教材の授業であれば，それがよりはっきりと見えてきます。道徳の模擬授業を受けるたびに，授業者が見ている世界を見て，感じて，自分の見ている世界や，自分の世界の見方と比べてきたのです。こうしたことは，ボクにとってワクワクすることだったのです。そして，きっと子どもたちも同じなのではないでしょうか。子どもたちが見ている世界や，子どもたちの世界の見方が道徳の授業を通して，揺さぶられたり，問われたりするから，本気で思考するのだと，ボクは思っています。

　本書で提案している授業からも，ボクが見ている世界や，ボクの世界の見方と，みなさんが見ている世界や，みなさんの世界の見方とを比べてほしいです。その中で，ワクワク感をもてたり，子どもたちが本気で思考する姿がイメージできたりしたのなら，とてもうれしく思います。

　授業記録については，可能な限り再現性を意識しました。「自主教材や学習活動がどのように授業化されたのか」をより伝わりやすくするためです。しかし，「追試」のために本書を使おうとすれば，「この素材を低学年で行うにはどうしたらよいのか」「ここでの対話はどのぐらい時間をとるべきか」「子どもたちから出てくる意見をどのように整理すればよいか」というような疑問が生まれてくるかもしれません。そうなのです。授業の再現性は意識しましたが，あえてこうした疑問が生まれる余地を残しているのです。その疑問をもつことから授業づくりが始まっていくからです。そして，もう一つ大事な視点があります。それは，「目の前の子どもたちが違えば，授業も変

わる」ということです。当たり前のことなのですが，ボクの教室とアナタの教室では，同じ素材やテーマを扱っても，違う展開や配慮が必要なはずです。本書を読み進めていく中で，「自分の教室だったらどうするかな？」という思いをもってもらえたのなら，こちらもとてもうれしく思います。

　また，様々な形の学習活動も提案させてもらいました。思考ツールを使ったり，交流するための大掛かりな場があったりすると，形だけに目を奪われて，「効果的な学習活動」だと判断しがちです。しかし，大事なことは，どんな場であろうとも，自分の思いとじっくりと向き合える「自分との対話」や，多面的・多角的な見方，考え方に出合える「他者との対話」が保障されているかどうかだと考えています。子どもたちの価値観に直接影響を与えていく道徳の授業だからこそ大切にしていきたいところです。

　本書で示したかったのは，子どもたちが本気で思考する授業づくり。そのための入口であり，ボクの現在地です。だから，ここから先は，この入口をきっかけに，みなさん自身が考えて，実践していってくれたらうれしいです。

　最後に，いくつかの感謝を。

　まず，本書執筆の声をかけてくださった堀裕嗣先生。いつも鋭い視点を学ばせてもらいながら，温かい眼差しも，近くで感じさせてもらっています。それから，研究仲間である宇野弘恵先生，山下幸先生をはじめとして，学びの場に集ってきているステキな先生たち。みなさんのおかげで，本書をまとめ上げることができました。そして，編集の及川誠さんと西浦実夏さん。遅筆なボクの原稿に最後までお力添えをいただきました。

　本書がみなさんの道徳の授業づくりのワクワク感につながりますように。

2020年6月

山崎まさよし「One more time, One more chance」を聴きながら。

大野　睦仁

【著者紹介】
大野　睦仁（おおの　むつひと）
北海道札幌市生まれ。北海道教育大学岩見沢校卒業。学習者主体の教室づくりと，職場づくりを意識した校内研修の在り方を模索中。「教師力 BRUSH-UP セミナー」事務局。2007年文部科学大臣優秀教員表彰受賞。
単著に『「結びつき」の強いクラスをつくる50のアイデア』（ナツメ社），共編著に，『小学校高学年　学級経営すきまスキル70』『小学校高学年　生活指導すきまスキル72』『保護者対応すきまスキル70　小学校高学年編』（以上，明治図書）などがある。

〔本文イラスト〕木村美穂

道徳授業改革シリーズ

大野睦仁の道徳授業づくり
６ステップでつくる！本気で考える道徳授業

2020年7月初版第1刷刊　©著　者　大　野　睦　仁
　　　　　　　　　　　　発行者　藤　原　光　政
　　　　　　　　　　　　発行所　明治図書出版株式会社
　　　　　　　　　　　　　　　　http://www.meijitosho.co.jp
　　　　　　　　　　　　（企画）及川　誠（校正）西浦実夏
　　　　　　　　　　　〒114-0023　東京都北区滝野川7-46-1
　　　　　　　　　　　振替00160-5-151318　電話03(5907)6703
　　　　　　　　　　　　　　　　ご注文窓口　電話03(5907)6668
＊検印省略　　　　　　組版所　長野印刷商工株式会社

Printed in Japan　　　　　　　ISBN978-4-18-296513-5

もれなくクーポンがもらえる！読者アンケートはこちらから